Schriften zum Religionsrecht

Herausgegeben von

Prof. Dr. Stefan Korioth,
Ludwig-Maximilians-Universität München
Prof. Dr. Heinrich de Wall,
Friedrich-Alexander-Universität Erlangen-Nürnberg
Prof. Dr. Christian Walter,
Ludwig-Maximilians-Universität München

Band 3

Christian Walter/Antje von Ungern-Sternberg/
Stephan Lorentz

Die »Zweitverleihung« des Körperschaftsstatus an Religionsgemeinschaften

Eine überkommene Rechtspraxis auf dem Prüfstand von Grundgesetz und EMRK

Nomos

Die Deutsche Nationalbibliothek verzeichnet diese Publikation in der Deutschen Nationalbibliografie; detaillierte bibliografische Daten sind im Internet über http://dnb.d-nb.de abrufbar.

ISBN 978-3-8329-7514-2

1. Auflage 2012

Vorwort

Die vorliegende Studie beruht auf einem Rechtsgutachten, das die Verfasser im Auftrag der Religionsgemeinschaft »Jehovas Zeugen in Deutschland Körperschaft des öffentlichen Rechts« im Sommer 2011 zur Vorlage in einem Verfassungsbeschwerdeverfahren gegen die Nichtzuerkennung des Körperschaftsstatus im Land Bremen und in verwaltungsgerichtlichen Verfahren gegen die Versagung des Körperschaftsstatus in Rheinland-Pfalz und Baden-Württemberg erstattet haben. Es wurde für die Veröffentlichung leicht überarbeitet und aktualisiert.
Wir danken dem Prozessbevollmächtigten der Zeugen Jehovas, Herrn Prof. Dr. *Hermann Weber*, für die Überlassung wichtiger Unterlagen und Frau *Nora Grabmayr* für die umsichtige drucktechnische Gestaltung des Manuskripts.

München, im April 2012

Christian Walter
Antje von Ungern-Sternberg
Stephan Lorentz

Inhaltsverzeichnis

A. Einleitung

I. Problemstellung

Für die Verleihung des Status einer Körperschaft des öffentlichen Rechts nach Art. 137 Abs. 5 Satz 2 WRV i.V.m. Art. 140 GG sind die Länder zuständig.[1] Die herrschende Meinung geht allerdings davon aus, dass die Verleihung des Körperschaftsstatus zwar bundesweite Verbindlichkeit habe, die einzelnen Körperschaftsrechte aber nur in dem verleihenden Bundesland ausgeübt werden könnten.[2] Die führt in der Praxis zur Unterscheidung zwischen »Erst- und Zweitverleihung«.[3] Nach den insoweit auch heute noch maßgeblichen »Empfehlungen der Kultusministerkonferenz über die Verleihung der Körperschaftsrechte an Religionsgesellschaften und Weltanschauungsvereinigungen« vom 12. März 1954 und den Erläuterungen der für kirchliche Angelegenheiten zuständigen Länderressorts hierzu vom 12. Oktober 1962[4] ist zunächst in einem Bundesland das Verleihungsverfahren zu betreiben (»Erstverleihung«), erst anschließend kann um entsprechende Rechte in den anderen Bundesländern nachgesucht werden (»Zweitverleihung«). Diese Verfahrensgestaltung führt zu erheblichen Verzögerungen und Beschwernissen für die Antragsteller, die sich exemplarisch am Verfahren der Zeugen Jehovas aufzeigen lassen. Diese bemühen sich seit 1990 um die Verleihung der Rechte einer Körperschaft des öffentlichen Rechts, ohne dass es bisher zu einem Verfahrensabschluss gekommen wäre, der für alle Länder gleichermaßen gültig ist.

1 *S. Korioth*, in: T. Maunz/G. Dürig, 61. Aufl. München 2011, Art. 140 GG/Art. 137 WRV, Rn. 72.
2 Ausführlich unten B.II.
3 Die Terminologie ist uneinheitlich. »Verleihung« und »Anerkennung« werden vielfach nebeneinander verwendet. Da es den Status einer Körperschaft des öffentlichen Rechts außerhalb der staatlichen Rechtsordnung nicht gibt, »Anerkennung« aber begrifflich etwas bereits Vorhandenes voraussetzt (was anerkannt wird), wird im Folgenden durchgängig der Begriff »Verleihung« verwendet.
4 Abgedruckt bei *H. Weber*, Die Verleihung der Körperschaftsrechte an Religionsgemeinschaften, ZevKR 34 (1989), S. 337 (S. 377 ff.).

II. Die Verfahren der Zeugen Jehovas zur Verleihung des Körperschaftsstatus

Die Religionsgemeinschaft »Jehovas Zeugen in Deutschland Körperschaft des öffentlichen Rechts« (im Folgenden: Zeugen Jehovas) existierte ursprünglich als Rechtsperson nach dem Recht der ehemaligen DDR. Später war sie als rechtsfähiger Verein eingetragen. Seit dem Herbst 1990 verfolgte sie in Berlin einen Antrag auf Zuerkennung der Rechte einer Körperschaft des öffentlichen Rechts nach Art. 137 Abs. 5 S. 2 WRV in Verbindung mit Art. 140 GG.

Nach Ablehnung ihres Antrags beschritt sie zunächst den Verwaltungsrechtsweg.[5] Die gegen das Urteil des Bundesverwaltungsgerichts eingelegte Verfassungsbeschwerde führte zum Grundsatzurteil des Zweiten Senats des Bundesverfassungsgerichts vom 19. Dezember 2000.[6] In dieser Entscheidung klärte das Bundesverfassungsgericht grundsätzliche Voraussetzungen für die Verleihung des Status einer Körperschaft des öffentlichen Rechts und verwies das Verfahren an das Oberverwaltungsgericht in Berlin zurück. Nach der Zurückverweisung entschied das Oberverwaltungsgericht Berlin am 24. März 2005 zu Gunsten der Zeugen Jehovas.[7] Die hiergegen gerichtete Nichtzulassungsbeschwerde des Landes Berlin wurde vom Bundesverwaltungsgericht endgültig am 1. Februar 2006 zurückgewiesen.[8] Das Land Berlin hat daraufhin der Religionsgemeinschaft »Jehovas Zeugen in Deutschland« am 13. Juni 2006 den Status einer Körperschaft des öffentlichen Rechts verliehen.

Die Zeugen Jehovas bemühten sich in der Folgezeit ab dem Sommer 2006 um die Verleihung entsprechender Rechte auch durch alle anderen 15 Bundesländer. In elf Bundesländern waren sie mit ihren Anträgen erfolgreich. In Baden-Württemberg und Rheinland-Pfalz wurden die Anträge abgelehnt. In diesen beiden Bundesländern sind Klagen anhängig.[9] In den Bundesländern Bremen und Nordrhein-Westfalen erfolgt die Verleihung durch Gesetz.[10] Die Bremische Bürgerschaft hat am 12. Mai 2011 einen Gesetzesvorschlag des Senats, die Rechte einer Körperschaft des öffentlichen Rechts zu verleihen, abgelehnt.[11] Hiergegen

5 VG Berlin, Urteil vom 25. Oktober 1993, NVwZ 1994, 609; OVG Berlin, Urteil vom 14. Dezember 1995, NVwZ 1996, 478; BVerwG, Urteil vom 26. Juni 1997, NJW 1997, 2396.

6 BVerfGE 102, 370.

7 NVwZ 2005,1450.

8 NJW 2006, 3156.

9 VG Stuttgart, Az. 4 K 920/11; VG Mainz, Az. 1 RK 144/11.

10 Art. 61 S. 2 Bremische Landesverfassung; *P. Kirchhof*, Die Kirchen als Körperschaften des öffentlichen Rechts, in: J. Listl/D. Pirson (Hrsg.), Handbuch des Staatskirchenrechts der Bundesrepublik Deutschland, Erster Band, 2. Aufl. 1994, § 22, S. 651 (686).

11 Bremische Bürgerschaft – Landtag, 17. Wahlperiode, Plenarprotokolle, 86. Sitzung vom 12. Mai 2011, S. 6658; der Gesetzesentwurf findet sich in der Drucksache 17/819 vom

haben die Zeugen Jehovas am 11. Juni 2011 Verfassungsbeschwerde eingelegt.[12] Im Land Nordrhein-Westfalen ist das Verfahren über den Antrag noch nicht abgeschlossen.

9. Juni 2009; der Bericht und (ablehnende) Antrag des Rechtsausschusses in der Drucksache 17/1753 vom 20. April 2011.

12 Die Verfassungsbeschwerde wird unter dem Aktenzeichen 2 BvR 1282/11 geführt.

B. Rechtswirkungen der Erstverleihung und Notwendigkeit einer Zweitverleihung

I. Allgemeine Rechtswirkungen des Körperschaftsstatus

Der Status einer Körperschaft des öffentlichen Rechts nach Art. 140 GG i.V.m. Art. 137 Abs. 5 WRV ist mit unterschiedlichen Rechtswirkungen verbunden[13] – wobei im Rahmen dieses Gutachtens vor allem die den Körperschaften zukommenden Rechte (und weniger die ggf. korrespondierenden Pflichten) interessieren. Diese Rechte können sowohl nach der Art ihrer gesetzlichen Grundlage (1.) als auch nach dem Inhalt der Rechte (2.) unterschieden werden. Die genannten Unterscheidungskriterien sind in der Diskussion um die grenzüberschreitende Wirkung der Körperschaftsrechte von Bedeutung (dazu sogleich unter II.).

1. Gesetzliche Grundlagen

Die mit dem Körperschaftsstatus verbundenen Rechte können nach ihrer Rechtsgrundlage in verfassungsrechtliche und einfachgesetzliche (a) sowie in bundes- oder landesrechtliche (b) unterschieden werden.

a) Verfassungsrechtliche und einfachgesetzliche Körperschaftsrechte

Zu unterscheiden ist zunächst zwischen den Körperschaftsrechten, die der Körperschaftstatus qua Verfassungsrecht gemäß Art. 140 i.V.m. Art. 137 Abs. 5 WRV beinhaltet, und sonstigen Rechten, deren Verleihung im Ermessen des

13 Hierzu insgesamt *A. von Campenhausen/ H. de Wall*, Staatskirchenrecht, 4. Aufl. München 2006, S. 251 ff.; *C. D. Classen*, Religionsrecht, Tübingen 2006, Rn. 314 ff.; *D. Ehlers* in: M. Sachs, Grundgesetz, 5. Aufl. München 2009, Art. 140 - Art. 137 WRV, Rn. 21 ff.; *H. M. Heinig*, Öffentlich-rechtliche Religionsgesellschaften, Berlin 2003, S. 281 ff.; *B. Jeand'Heur/S. Korioth*, Grundzüge des Staatskirchenrechts, Stuttgart 2000, Rn. 240 ff.; *K.-H. Kästner* in: R. Dolzer/W. Kahl/C. Waldhoff (Hrsg.), Bonner Kommentar zum Grundgesetz (im Folgenden BK), Bonn, Art. 140 – Art. 137 WRV (Drittbearbeitung 2010), Rn. 414 ff.; *Kirchhof* (Fn.10), S. 670 ff.; *Korioth*, in: Maunz/Dürig (Fn. 1), Rn. 83 ff.; *M. Morlok* in: H. Dreier (Hrsg.), Band III, 2. Aufl. Tübingen 2008, Art. 140 GG - Art. 137 WRV, Rn. 89 ff; *P. Unruh*, Religionsverfassungsrecht, Baden-Baden 2009, Rn. 296 ff.

Bundes- oder Landesgesetzgebers steht. Sofern auch die Landesverfassungen für Religionsgemeinschaften ein Recht auf Verleihung des Status einer Körperschaft des öffentlichen Rechts enthalten,[14] spielt dieses in der Praxis keine über die grundgesetzliche Verbürgung hinausgehende Rolle.

Art. 137 Abs. 5 WRV selbst schweigt zum Inhalt des Körperschaftsrechts. Allein in Art. 137 Abs. 6 WRV ist mit dem Steuerrecht ein wichtiges Körperschaftsrecht benannt. Ferner liegt es nahe, dass der Körperschaftsstatus die *Rechtsfähigkeit* der Religionsgemeinschaften beinhaltet.[15] Darüber hinaus ist es heutzutage in Rechtsprechung und Lehre unbestritten, dass aus dem Körperschaftsstatus qua Verfassungsrecht bestimmte weitere Rechte folgen: Das Bundesverfassungsgericht zählt hierzu, in nicht abschließender Weise, die Dienstherrenfähigkeit (d.h. die Fähigkeit, öffentlich-rechtliche Dienstverhältnisse zu begründen, die nicht dem Arbeits- oder dem Sozialversicherungsrecht unterliegen[16]) und die Widmungsbefugnis (d.h. die Befugnis, Vermögensgegenstände im Wege der Widmung zu öffentlichen Sachen zu erklären[17]).[18]

In der Literatur ist darüber hinaus anerkannt, dass auch die Organisationsgewalt, die Rechtssetzungsautonomie und das Parochialrecht Bestandteil des Körperschaftsstatus bilden.[19] Die Organisationsgewalt bezeichnet das Recht, Untergliederungen in öffentlich-rechtlicher Rechtsform zu errichten.[20] Die Rechtsetzungsgewalt oder Autonomie beinhaltet die Befugnis zum Erlass öffentlich-rechtlicher Rechtsakte.[21] Das Parochialrecht schließlich umfasst das Recht, die Zugehörigkeit zu Untergliederungen der Körperschaft an den Wohnsitz des Mitglieds zu knüpfen.[22] Damit ist das Verständnis des Körperschaftsstatus heutzutage ein materielles – anders als noch zu Weimarer Zeiten, als viele vertraten, dass

14 So Art. 61 Verfassung Bremen; Art. 43 Abs. 2 Verfassung Rheinland-Pfalz. Anders etwa der einfache Verweis auf die Regelungen des Grundgesetzes in Art. 5 Verfassung Baden-Württemberg.

15 S. etwa *Korioth* in: Maunz/Dürig (Fn. 13), Rn. 69; hierzu auch *Heinig* (Fn. 13), S. 283 f.

16 S. etwa *von Campenhausen/de Wall* (Fn. 13), S. 252; *Classen* (Fn. 13), Rn. 332; *Jeand'Heur/Korioth* (Fn. 13), Rn. 241, Rn. 244; *Kirchhof* (Fn. 10), S. 671; *Unruh* (Fn. 13), Rn. 297.

17 S. etwa *von Campenhausen/de Wall* (Fn. 13), S. 252 ff.; *Classen* (Fn. 13), Rn. 334; *Jeand'Heur/Korioth* (Fn. 13), Rn. 246; *Unruh* (Fn. 13), Rn. 302.

18 BVerfGE 102, 370 (388).

19 Fn. 13.

20 S. etwa *von Campenhausen/de Wall* (Fn. 13), S. 257; *Classen* (Fn. 13), Rn. 329; *Jeand'Heur/Korioth* (Fn. 13), Rn. 245; *Unruh* (Fn. 13), Rn. 300.

21 S. etwa *von Campenhausen/de Wall* (Fn. 13), S. 266; *Classen* (Fn. 13), Rn. 331; *Jeand'Heur/Korioth* (Fn. 13), Rn. 250; *Unruh* (Fn. 13), Rn. 301.

22 S. etwa *von Campenhausen/de Wall* (Fn. 13), S. 266; *Classen* (Fn. 13), Rn. 333; *Jeand'Heur/Korioth* (Fn. 13), Rn. 251; *Unruh* (Fn. 13), Rn. 311.

der Status eine leere Hülle darstelle, die durch den (Landes-)Gesetzgeber ausgefüllt werde.[23]

Die übrigen Rechte, die durch Bundes- oder Landesgesetze verliehen werden, fasst man unter dem Begriff des »Privilegienbündels« zusammen.[24] Die Verleihung oder Rücknahme dieser Vorrechte steht im Ermessen des Bundes- bzw. des Landesgesetzgebers, sofern man nicht einzelne der Rechtspositionen als Ausgestaltung des verfassungsrechtlich vorgegebenen Körperschaftsstatus deutet.[25]

b) Bundes- und landesrechtliche Privilegierungen

Für die landesgrenzenübergreifende Wirkung von Rechten ist weiterhin eine Unterscheidung nach ihrer bundes- oder landesrechtlichen Grundlage notwendig.[26] Die oben aufgezählten, untrennbar mit dem Körperschaftsstatus verbundenen Rechte stellen Bundes(verfassungs)recht dar. Versucht man die einfachgesetzlichen bundes- oder landesrechtlichen Privilegien zu charakterisieren, so ermöglichen und unterstützen sie das freie religiöse Wirken der Religionsgemeinschaften und räumen ihnen auch einen gewissen Platz in der Öffentlichkeit ein.

Auf Ebene des einfachen Bundesrechts sind die Religionsgemeinschaften zunächst von bestimmten allgemeinen Pflichten freigestellt. Die Befreiungen erstrecken sich vom Steuerrecht (z.B. §§ 3,4 GrStG; § 13 Abs. 1 Nr. 16 a ErbStG), über das Arbeits- und Sozialrecht (§ 7 Abs. 4 ArbZG, § 73 Abs. 2 Nr. 2 SGB IX) und das Datenschutzrecht[27] bis zur fehlenden Prüfung der Haushalts- und Wirtschaftsführung durch den Bundesrechnungshof bei der Gewähr staatlicher Zuschüsse (§ 55 Abs. 1 HGrG) oder zur bevorzugten Stellung in Krisenzeiten (Befreiung von Leistungspflichten im Krisenfall nach § 4 Abs. 2 Nr. 4 BLG; Vorschlagrecht zur Unabkömmlichstellung eigener Bediensteter im Spannungs- oder Verteidigungsfall nach § 13 Abs. 2 S. 2 WPflG; § 16 Abs. 2 S. 2 ZDG). Dem Wirken öffentlich-rechtlich korporierter Religionsgemeinschaften kommt ferner ein erhöhter strafrechtlicher Schutz zugute (Missbrauch von amtlichen Titeln, Berufsbezeichnungen und Abzeichen nach § 132a Abs. 1 und 3 StGB; vgl. das

23 Kontrastierung der materiellen und formellen Positionen bei *D. Zacharias*, Zur Zweitverleihung der Körperschaftsrechte an Religionsgemeinschaften, NVwZ 2007, 1257 (1259); ferner bei *Heinig* (Fn. 13), S. 283 ff.

24 Ausführliche Auflistung bei *Kästner* in: BK (Fn. 13), Rn. 434 ff.

25 Zur Unterscheidung zwischen dem gesetzlichen ‚Nachzeichnen' des Verfassungsrecht und seiner ‚Erweiterung': *Kirchhof* (Fn. 10), S. 674.

26 Zum Folgenden ausführlich die Darstellung bei Kästner in: BK (Fn. 13), Rn. 434 ff.; ferner *Heinig* (Fn. 13), S. 299 ff.

27 Zu den Einzelheiten *Heinig* (Fn. 13), S. 302 ff.

unbefugte Tragen einer Berufstracht nach § 126 OWiG; Verwahrungsbruch § 133 Abs. 2 StGB), ebenso wie die Erleichterung einer Tätigkeit für die Religionsgemeinschaft im Beamtenrecht (§ 7 Nr. 7 Sonderurlaubsverordnung des Bundes; § 2 Abs. 1 Nebentätigkeitsverordnung des Bundes) oder die Berücksichtigung religiöser Belange im Baurecht (Gebot der Rücksichtnahme bei der Erstellung von Bauleitplänen, § 1 Abs. 6 Nr. 6 BauGB; Enteignungsschutz § 90 Abs. 2 Nr. 2 BauGB). Das öffentliche Wirken wird den Religionsgemeinschaften insbesondere in den Bereichen Soziales und Medien ermöglicht: So sind sie etwa als Träger der Jugendhilfe oder als Träger eines freiwilligen sozialen Jahres anerkannt (§ 75 Abs. 3 SGB VIII, §10 Abs. 1 Nr. 2 JFDG) und besitzen Drittsenderechte (§ 11 Abs. 3 ZDF-Staatsvertrag).

Die genannten Bestimmungen knüpfen ausdrücklich an den öffentlich-rechtlichen Status von Religionsgemeinschaften an und sind daher von sonstigen Begünstigungen zu unterscheiden, die auch übrigen Religionsgemeinschaften zugute kommen und die von der Möglichkeit zur Erteilung von Religionsunterricht in staatlichen Schulen über die Anerkennung von religiösen Feiertagen und gewisse Privilegien für Geistliche bis hin zum Strafrecht reichen.[28] Zu den Privilegien für öffentlich-rechtliche Religionsgemeinschaften zählen ferner auch diejenigen, die sich ganz allgemein auf Körperschaften des öffentlichen Rechts erstrecken: Hierzu gehören etwa Vorschriften zu steuerrechtlichen Vergünstigungen, zum Vollstreckungsschutz oder zur Beweiskraft von Urkunden.[29]

Auch nach Landesrecht sind vielfältige Privilegierungen möglich.[30] Beispiele hierfür sind die Befreiung der korporierten Religionsgemeinschaften von Gerichtskosten (§ 7 Abs. 1 Nr. 1 LJKG BW; § 122 Abs. 1 Nr. 1 JustizG NRW) und sonstigen Gebühren (§ 10 Abs. 3 LGebG BW; § 8 Abs. 1 Nr. 5 LGebG NRW), Drittsenderechte (§ 15 Abs. 2 NDR-Staatsvertrag; § 9 Abs. 3 Staatsvertrag Südwestrundfunk), das Recht, Stiftungen zu errichten (Art. 21 ff. BayStiftungsG; §§ 22 ff. StiftungsG BW; § 13 f. StiftungsG NWR), das Recht, Friedhöfe anzulegen und zu unterhalten (§ 1 Abs. 2 BestattG BW, § 1 Abs. 2 BestattG NRW), ggf. auch die Befreiung von Anmelde- oder Genehmigungspflichten (etwa für Spendensammlungen, vgl. § 13 SammlungsG BW).Wie auf Bundesebene kann auch auf Landesebene der Kreis der Begünstigten einer gesetzlichen Regelung unterschiedlich weit gezogen sein: So können etwa grundsätzlich nicht nur religiöse Körperschaften, sondern auch sonstige private Vereinigungen (d.h. auch die übrigen Religionsgemeinschaften) Träger von Bildungseinrichtungen oder

28 *Kästner* in: BK (Fn. 13), Rn. 472 ff.; ferner Rn. 438 (Erbschaftssteuer), 439 (Gewerbesteuer), 440 (Umsatzsteuer).

29 *Kästner* in: BK (Fn. 13), Rn. 468 ff.; ferner Rn. 437 (Körperschaftssteuer).

30 Beispiele ebenfalls bei *Kästner* in: BK (Fn. 13), Rn. 434 ff., insbesondere 476 ff.

Hochschulen sein (z.B. nach §§ 72, 74 HochschulG NRW). Andererseits finden sich beispielsweise im Rundfunkrecht auch Privilegien, die sich nur auf christliche Kirchen und jüdische Gemeinden, nicht aber auf öffentlich-rechtliche Religionsgemeinschaften im Allgemeinen erstrecken (z.B. Drittsenderechte nach Art. 8 Abs. 2 WDR-G; Sitze im Rundfunkaufsichtsrat nach § 17 Abs. 1 Nr. 2 NDR-Staatsvertrag; § 14 Abs. 2 Staatsvertrag Südwestrundfunk; Art. 15 Abs. 3 WDR-G).

2. Inhalt der Körperschaftsrechte

Körperschaftsrechte lassen sich ferner nicht nur nach ihrer Rechtsgrundlage, sondern auch nach ihrem Inhalt unterscheiden. So können mit den einzelnen Rechten unterschiedliche konkrete Zwecke verfolgt (etwa Stärkung der Religionsgemeinschaft gegenüber ihren Mitgliedern oder Wirken der Religionsgemeinschaft im öffentlichen Raum) oder unterschiedliche Rechte auf unterschiedliche Art und Weise begründet werden (etwa mit dem grundrechtlichen Schutz der Religionsfreiheit nach Art. 4 Abs. 1 und 2 GG oder mit den Eigengesetzlichkeiten eines öffentlich-rechtlichen Rechtsregimes). Außerdem können Körperschaftsrechte – worauf zurückzukommen sein wird[31] – schon qua Körperschaftsstatus bestehen oder eines weiteren Antragsverfahren bedürfen, etwa, wenn Religionsgemeinschaften einen Friedhof betreiben oder eine Stiftung oder Hochschule gründen wollen. Im Zusammenhang mit der landesgrenzenüberschreitenden Wirkung des Körperschaftsstatus (hierzu sogleich unter 3.) sieht es die herrschende Meinung aber insbesondere als maßgeblich an, ob die Religionsgemeinschaft zur Ausübung eines Hoheitsrechts ermächtigt wird. Demnach ließen sich die Körperschaftsrechte in Hoheitsrechte und sonstige Privilegien unterteilen.

Allerdings besteht keine Einigkeit darüber, was mit dem Begriff des Hoheitsrechts umschrieben werden soll und welche Körperschaftsrechte als hoheitlich zu qualifizieren sind. *Hans Michael Heinig* etwa definiert Hoheitsrechte als »von der öffentlichen Gewalt abgeleitete, staatlich verliehene Rechte« und subsumiert sämtliche auf Art. 137 Abs. 5 WRV beruhende Rechte (Besteuerungsrecht, Dienstherrnfähigkeit, Organisationsgewalt, Rechtsetzungsgewalt, Parochialrecht und Widmungsrecht) darunter.[32] Auch das Bundesverfassungsgericht scheint einen solch weiten Hoheitsbegriff zugrunde zu legen, wenn es das Besteuerungsrecht und die Dienstherrenfähigkeit als hoheitliche Befugnisse gegenüber den Mitgliedern und die Widmungsbefugnis als hoheitliche Befugnis gegenüber Drit-

31 Unten A.II.2.b.

32 *Heinig* (Fn. 13), S. 289; ähnlich weit wohl auch *Zacharias* (Fn. 23), S. 1259 ff.

ten einordnet.[33] *Stefan Magen* hingegen versteht unter Hoheitsrechten lediglich »echte« staatliche Vorbehaltsrechte (im Gegensatz zur auch Privaten eingeräumten gesteigerten Rechtsmacht), das heißt das staatliche Gewaltmonopol und solche Befugnisse zur einseitigen Rechtshandlung, die sich einer klassischen staatlichen Handlungsform bedienen oder die auch gegenüber Dritten wirken (»heteronome Rechtsmacht«). Er qualifiziert daher nur die Befugnis zur Erhebung von Steuern als klassisches staatliches Hoheitsrecht, nicht aber die übrigen Befugnisse, die jeweils vom (konkludenten) Einverständnis der Mitglieder einer Religionsgemeinschaft oder eines Dritten gedeckt seien.[34]

3. Abgrenzung von religiösen Körperschaften und staatlichen Gebietskörperschaften

Der Begriff der Körperschaft des öffentlichen Rechts ist im allgemeinen öffentlichen Recht häufig territorial konnotiert. Dies gilt namentlich für den Bund, die Länder oder die kommunalen Gebietskörperschaften. Dieses Verständnis dürfte sich auch in der Vorstellung der herrschenden Meinung niederschlagen, wenn diese davon ausgeht, die Körperschaft werde *in* einem bestimmten Bundesland anerkannt oder *für das Territorium* eines bestimmten Bundeslandes mit Rechten ausgestattet.[35]

Religionsgemeinschaften als Körperschaften des öffentlichen Rechts unterscheiden sich jedoch von den regelmäßig territorial verfassten allgemeinen Körperschaften des öffentlichen Rechts in vielfacher Hinsicht. Das Bundesverfassungsgericht hat dies in seiner Entscheidung zum Körperschaftsstatus der Zeugen Jehovas wie folgt formuliert:

> »Im Kontext des Grundgesetzes ist der den Religionsgemeinschaften in Art. 137 Abs. 5 Satz 2 WRV angebotene Status einer Körperschaft des öffentlichen Rechts ein Mittel zur Entfaltung der Religionsfreiheit [...]. Der Status einer Körperschaft des öffentlichen Rechts soll die Eigenständigkeit und Unabhängigkeit der Religionsgemeinschaften unterstützen. Die Religionsgemeinschaften mit öffentlich-rechtlichem Status sind in gleichem Umfang grundrechtsfähig wie Religionsgemeinschaften privat-rechtlicher Rechtsform. Sie stehen dem Staat als Teile der Gesellschaft gegenüber [...]. Dass sie ihre Tätigkeit frei von staatlicher Bevormundung und Einflussnahme entfalten können, schafft die Voraussetzung und den Rahmen, in dem die Religionsgemeinschaften das Ihre zu den Grundlagen von Staat und Gesellschaft beitragen können [...]
>
> **Damit unterscheiden sich die korporierten Religionsgemeinschaften** im religiös-weltanschaulich neutralen Staat des Grundgesetzes, der keine Staatskirche oder Staatsreli-

33 BVerfGE 102, 370 (388).
34 *S. Magen*, Körperschaftsstatus und Religionsfreiheit, Tübingen 2004, S. 77 ff.
35 Siehe hierzu sogleich unter II.1.

gion kennt (Art. 140 GG i. V. m. Art. 137 Abs. 1 WRV), **grundlegend von den Körperschaften des öffentlichen Rechts im verwaltungs- und staatsorganisationsrechtlichen Verständnis. Sie nehmen keine Staatsaufgaben wahr, sind nicht in die Staatsorganisation eingebunden und unterliegen keiner staatlichen Aufsicht** (vgl. BVerfGE 18, 385 [386]; 19, 1 [5]; 30, 415 [428]; 42, 312 [332]; 66, 1 [19 f.]).«[36]

Insbesondere stellt eine öffentlich-rechtliche Religionsgemeinschaft, anders als die genannten klassischen Körperschaften des öffentlichen Rechts keine Gebietskörperschaft dar. Gebiets- und Personalkörperschaften unterscheiden sich dadurch, dass die Mitgliedschaft im ersten Fall an Wohnsitz oder Niederlassung, im zweiten Fall an persönliche Eigenschaften anknüpft.[37] Religiöse Körperschaften des öffentlichen Rechts sind keine Gebiets-, sondern Personalkörperschaften: Die Mitgliedschaft bzw. Nichtmitgliedschaft wird durch eine persönliche Eigenschaft, den Beitritt oder Austritt, begründet. Dass die Religionsgemeinschaft aufgrund des oben genannten Parochialrechts zugleich das Recht hat, ihre Mitglieder nach territorialen Grundsätzen Untergliederungen zuzuordnen, ändert hieran nichts: Die persönliche Mitgliedschaft ist die vorgängige Voraussetzung für diese territorialen Unterteilungen.

Das Bundesverfassungsgericht hat dieses schon früh festgestellt und eine badische Regelung für verfassungswidrig erklärt, die auf einer territorialen Konzeption beruhte und den Kirchen gestattete, auch juristische Personen zur Kirchensteuer heranzuziehen. Das Bundesverfassungsgericht führte aus:

»Insbesondere haben die früheren Landeskirchen nicht mehr den Rechtscharakter von Gebietskörperschaften mit der Macht, jemanden, der in ihr Gebiet eintritt, einseitig ohne Rücksicht auf seinen Willen sich einzugliedern. Vielmehr hat schon die Weimarer Reichsverfassung ihre territoriale Grundlage durch eine reine Personalgrundlage ersetzt. Wenn die Kirchen sich heute territoriale Grenzen setzen, so bestimmen sie damit auf Grund des Art. 137 Abs. 3 Satz 1 WRV ihren räumlichen Wirkungsbereich. Von Staats wegen sind sie hierzu nicht verpflichtet. «[38]

Der Unterschied zur territorialen Verfasstheit einer öffentlich-rechtlichen Religionsgemeinschaft wird beim Blick auf die Schweiz deutlich. Dort sind in der Tat in manchen Kantonen öffentlich-rechtlich organisierte Religionsgemeinschaften als Gebietskörperschaften verfasst – und dürfen beispielsweise in ihrem Gebiet auch Steuern von juristischen Personen erheben.[39] Ein solches Verständnis ist nach der erwähnten Entscheidung des Bundesverfassungsgerichts zum badischen Kirchensteuergesetz in Deutschland ausgeschlossen.

36 BVerfGE 102, 380 (387 f.), *Hervorhebung durch die Verf.*
37 *H. Maurer*, Allgemeines Verwaltungsrecht, 17. Aufl. München 2009, § 23, Rn. 30.
38 BVerfGE 19, 206 (216 f.).
39 Siehe etwa Schweizerisches Bundesgericht, Urteil vom 13. Juni 2000, EuGRZ 2001, 128 (129 ff.).

II. Grenzüberschreitende Wirkungen des Körperschaftsstatus in der bisherigen Auffassung von Rechtsprechung und Lehre

Wenn einer Religionsgemeinschaft in einem Bundesland der Status einer Körperschaft des öffentlichen Rechts i.S.d. Art. 137 Abs. 5 WRV verliehen worden ist, stellt sich die Frage, inwieweit dieser Status auch über die Grenzen des Bundeslandes hinaus in den übrigen Bundesländern Rechtswirkungen entfaltet. Dies wird bislang vor allem in der staatskirchenrechtlichen Rechtsprechung und Literatur thematisiert. Demnach führt die Verleihung des Status einer Körperschaft des öffentlichen Rechts zunächst unbestritten dazu, dass die betreffende Religionsgemeinschaft bundesweite Rechtsfähigkeit – als Körperschaft des öffentlichen Rechts – besitzt.[40] Ob aber auch die übrigen, mit dem Körperschaftsstatus verbundenen Rechte über das verleihende Bundesland hinaus Wirkung entfalten, ist dagegen umstritten.

1. Herrschende Meinung: keine grenzüberschreitende Wirkung von »Hoheitsrechten«

Die wohl herrschende Meinung besagt, dass Hoheitsrechte vom verleihenden Bundesland nur für dessen Gebiet verliehen werden können, so dass die Ausübung von Hoheitsrechten in einem anderen Bundesland stets einer neuen »Zweitverleihung« bedarf. So formuliert etwa das Verwaltungsgericht München, es sei allgemein anerkannt, dass

> »die wichtigsten mit der Verleihung der Rechtsstellung einer Körperschaft des öffentlichen Rechts verbundenen Privilegien, wie etwa das Besteuerungsrecht und die Dienstherrnfähigkeit, immer nur in dem Land gelten, das die Verleihung ausgesprochen hat. Da die Hoheitsgewalt eines jeden Landes auf sein Staatsgebiet beschränkt ist, kann es auch nicht ein anderes Rechtsobjekt mit derartigen Rechten für den Hoheitsbereich eines anderen Landes ausstatten«.[41]

Diese Position wird in der Literatur vielfach geteilt.[42] Teilweise wenden sich ihre Befürworter auch ausdrücklich gegen die Vorstellung eines überregionalen Ver-

40 *Weber* (Fn. 4), S. 361 f.; *Zacharias* (Fn. 23), S. 1258 m.w.N.

41 VG München, Urteil vom 30. Oktober 1982, ZevKR 29 (1984), 628 (630) mit zustimmender Anmerkung von *J. Störle*.

42 Vgl. schon *P. Mikat*, Kirchen und Religionsgemeinschaften, in: K. A. Bettermann./H. C. Nipperdey/U. Scheuner (Hrsg.), Die Grundrechte, Band IV/1, Berlin 1960, S. 111 (155); *Weber* (Fn. 4), S. 362; *Kirchhof* (Fn. 10), § 22, S. 687; *S. Mückl*, Europäisierung des Staatskirchenrechts, Baden-Baden 2005, S. 245; *von Campenhausen/de Wall* (Fn.13), S. 139; *Classen* (Fn.13), Rn. 313.

waltungsaktes.[43] Die gerade beschriebene herrschende Meinung bestimmt auch die derzeitige Verwaltungspraxis, nach der die Religionsgemeinschaft erst nach der »Erstverleihung« in einem Bundesland um die »Zweitverleihung« in den übrigen Bundesländern ersuchen kann.[44]

2. Friesenhahn: Grenzüberschreitende Wirkung von Rechten auf Grundlage des Bundesrechts

Eine andere Auffassung vertritt *Ernst Friesenhahn* in der Erstauflage des Handbuchs des Staatskirchenrechts. Demnach kommt es darauf an, ob die Rechtsfolgen aus dem Körperschaftsstatus auf Grundlage von Bundes- oder von Landesrecht bestehen:

> »Wo *Bundesrecht* Rechtsfolgen an die Eigenschaft als Körperschaft des öffentlichen Rechts knüpft und sie nicht ausdrücklich auf bundesunmittelbare Körperschaften beschränkt, gelten sie aber im ganzen Bundesgebiet für alle juristischen Personen des öffentlichen Rechts, die nach Bundes- oder Landesrecht bestehen. Das muss erst recht für die Religionsgesellschaften gelten, da diese entweder unmittelbar kraft Bundesverfassungsrechts Körperschaften des öffentlichen Rechts sind oder es auf Grund eines im Bundesverfassungsrecht verankerten Rechtsanspruchs geworden sind [...]. Landesrechtliche Vorschriften [...] dürften hingegen nur für die Religionsgesellschaften des öffentlichen Rechts gelten, deren Status von dem betreffenden Land begründet oder anerkannt worden ist [...].«[45]

Eine »Zweitverleihung« ist nach Friesenhahn damit nur für landesrechtliche Privilegien erforderlich.

Eine ähnliche Unterscheidung zwischen Bundes- und Landesrecht findet sich auch schon in der Dissertation von *Ulrich Doose*. Maßgebliches Kriterium ist für ihn die bundes- oder landesgesetzliche Regelung, aber auch die Ausgestaltung eines Privilegs. So stehe etwa die Befugnis zur Steuererhebung, die zwar auf Art. 137 Abs. 6 WRV fußt, aber durch Landesgesetze auszugestalten sei, lediglich der im jeweiligen Bundesland anerkannten öffentlich korporierten Religi-

43 *Störle* (Fn. 41), S. 635.

44 Vgl. zur Rechtspraxis die »Empfehlungen der Kultusministerkonferenz über die Verleihung der Körperschaftsrechte an Religionsgesellschaften und Weltanschauungsvereinigungen« vom 12. März 1954 und die Erläuterungen der für kirchliche Angelegenheiten zuständigen Länderressorts hierzu vom 12. Oktober 1962, abgedruckt bei *Weber* (Fn. 4), S. 377 ff. Für die »Zweitverleihung« auch *G. Held*, Die kleinen öffentlich-rechtlichen Religionsgemeinschaften im Staatskirchenrecht der Bundesrepublik, München 1974, S. 135 f.

45 *E. Friesenhahn*, Die Kirchen als Körperschaften des öffentlichen Rechts, in: ders./U. Scheuner (Hrsg.), Handbuch des Staatskirchenrechts der Bundesrepublik Deutschland, 1. Band, 1. Aufl. Berlin 1974, § 11, S. 545 (S. 576).

onsgesellschaft zu.[46] Die grenzüberschreitende Wirkung der Verleihung des Status einer Körperschaft des öffentlichen Rechts dürfte damit geringer sein als nach Ansicht *Friesenhahns*.

Elke Bohl misst in ihrer Dissertation der Verleihung des Körperschaftsstatus eine etwas weitergehende grenzüberschreitende Bedeutung bei. Der in einem Bundesland erworbene Status einer Körperschaft des öffentlichen Rechts wirke nicht nur für Vorschriften des Bundesrechts über die Landesgrenzen hinaus, sondern auch für solche Vorschriften des Landesrechts, die keine Hoheitsrechte der Länder beträfen. Demnach stünden der Körperschaft einfache landesrechtliche Vergünstigungen wie etwa Gebührenbefreiungen auch ohne Zweitverleihung grenzüberschreitend zu, während die Ausübung von Hoheitsrechten auf landesgesetzlicher Grundlage »wegen der kompetenzrechtlichen Vorgaben der Verfassung« einer solchen Zweitverleihung bedürfte.[47]

3. Zacharias: Grenzüberschreitende Wirkung kraft Verfassungsrechts

Für eine sehr weite grenzüberschreitende Wirkung der Verleihung des Körperschaftsstatus kraft Bundesverfassungsrechts tritt *Diana Zacharias* ein. Sie betont, dass der Körperschaftsstatus spätestens seit der Zeugen-Jehovas-Entscheidung des Bundesverfassungsgerichts seinen Sinn und Zweck aus der Religionsfreiheit des Art. 4 Abs. 1 und 2 GG gewinnt.[48] Er ermögliche der Religionsgemeinschaft zunächst mit der Rechtsetzungsautonomie, der Organisationsgewalt, der Dienstherrenfähigkeit und dem Parochialrecht eine Binnenorganisation entsprechend ihren besonderen religiösen Bedürfnissen. Die Tatsache, dass der Körperschaftsstatus im Bundesverfassungsrecht geregelt sei und zur Verstärkung des Grundrechtsschutzes aus Art. 4 GG diene, spreche für eine bundeseinheitliche Geltung. Territoriale Limitierungen für die Ausübung von Bundesgrundrechten seien rechtfertigungsbedürftig (das zeige auch die Ausnahmeregelung zu Art. 7 Abs. 3 GG nach Art. 141 GG) und bestünden ohne ausdrückliche Niederlegung in der Verfassung gerade nicht.[49] Gleiches gelte für die verfassungsrechtlich verankerte Befugnis zur Steuererhebung nach Art. 140 GG i.V.m. Art. 137 Abs. 6 WRV. Zwar müsse dem jeweiligen Bundesland die Möglichkeit verbleiben, Einzelheiten der Steuerbeitreibung zu regeln, weil es seine Organe zum Nutzen der Reli-

46 *U. Doose*, Die rechtliche Stellung der evangelischen Freikirchen in Deutschland, Marburg 1963, S. 180 ff.

47 *E. D. Bohl*, Der öffentlich-rechtliche Körperschaftsstatus der Religionsgemeinschaften, Baden-Baden 2001, S. 96.

48 BVerfGE 102, 370 (387).

49 *Zacharias* (Fn. 23), S. 1260.

gionsgemeinschaft zur Verfügung stelle und dadurch in besonderer Weise betroffen sei. Dem werde aber durch die Ausgestaltungsbefugnis der Länder (Steuererhebungsbefugnis gemäß Art. 137 Abs. 6 WRV »nach Maßgabe der landesrechtlichen Bestimmungen«) hinreichend Rechnung getragen.[50] Was schließlich die einfachgesetzlich eingeräumten Privilegien betrifft, so stellt *Zacharias* auf das Willkürverbot bzw. den Rechtsgedanken des Art. 33 Abs. 1 GG (Rechts- und Pflichtengleichheit der Deutschen in jedem Bundesland) ab. Ein Bundesland dürfe Körperschaften, denen dieser Status in einem anderen Bundesland verliehen wurde, nicht willkürlich von Vorrechten ausschließen.[51]

III. Maßstab: Welche Rechtswirkung hat die «Erstverleihung" in einem anderen Bundesland?

Die soeben skizzierte Debatte über die Notwendigkeit einer »Zweitverleihung« des Körperschaftsstatus bzw. die Frage nach den grenzüberschreitenden Wirkungen einer entsprechenden (Erst)Verleihung wird derzeit, sofern überhaupt, nur im staatskirchenrechtlichen Zusammenhang geführt. Die Frage, inwieweit Statusentscheidungen in einem Bundesland auch in den übrigen Bundesländern gelten, ist jedoch keine genuin staatskirchenrechtliche, sondern stellt sich in föderalen Systemen ganz grundsätzlich. Im Folgenden soll daher die Frage nach den grenzüberschreitenden Wirkungen der Verleihung der Körperschaftsrechte in diesen allgemeinen Kontext eingebettet werden. Hierzu wird in einem ersten Schritt der allgemeine Maßstab für die länderübergreifenden Wirkungen von Verwaltungsmaßnahmen entwickelt (1.), bevor anschließend gefragt wird, ob dieser Maßstab wegen der mit der Verleihung des Körperschaftsstaus verbundenen Übertragung von Hoheitsrechten einer Modifikation bedarf (2.). Schließlich könnte möglicherweise die für die Verleihung gewählte Form zu einer abweichenden Beurteilung führen (3.). Abschließend wird das Ergebnis zusammengefasst (4.).

1. Allgemeine Grundsätze für die Wirkung von Verwaltungsmaßnahmen der Behörden eines Bundeslandes in einem anderen Bundesland

Das Problem grenzüberschreitender Wirkungen von Verwaltungsmaßnahmen eines Landes in einem anderen Land ist notwendige Folge der in Art. 20 Abs. 1

50 *Zacharias* (Fn. 23), S. 1260 f.
51 *Zacharias* (Fn. 23), S. 1261.

GG festgelegten bundesstaatlichen Ordnung der Bundesrepublik Deutschland. Neben den Bund als Zentralstaat treten die einzelnen Länder, die über eigenständige Hoheitsgewalt verfügen.[52] Vor jeder Verwaltungsmaßnahme eines Landes muss folglich dessen Kompetenz festgestellt werden, und zwar nicht nur in Abgrenzung zur Kompetenz des Bundes, sondern auch in Abgrenzung zur Kompetenz der anderen Länder. Allerdings fehlt es an ausdrücklichen Regelungen für grenzüberschreitende Wirkungen der Verwaltungsmaßnahmen eines Bundeslandes in einem anderen Bundesland. Deshalb ist zunächst zu überlegen, was dafür spricht, die Geltung von Verwaltungsentscheidungen der Länder in Anlehnung an die völkerrechtlichen Grundsätze strikt an das Territorium des jeweiligen Landes zu binden (a), bevor dann darauf einzugehen ist, inwieweit die bundesstaatlichen Grundsätze eine länderübergreifende Geltung der Verwaltungsentscheidungen fordern (b). Vor diesem Hintergrund lässt sich ein erstes Zwischenergebnis formulieren (c).

a) Quasi völkerrechtliches Verständnis?

Das Grundgesetz ordnet jedem Land einen bestimmten Teil des deutschen Staatsgebiets zu, versteht die Länder also als Gebietskörperschaften.[53] Abgesehen von ihren unterschiedlichen Territorien weisen die Länder keinerlei Unterschiede auf. Das Grundgesetz spricht allen die gleichen Kompetenzen zu. Sie sind einander gleichgeordnete Gliedstaaten.[54] Anknüpfungspunkt für die Abgrenzung der Kompetenzen der Länder können daher nur ihre unterschiedlichen Territorien sein. Folglich ist jedes Land grundsätzlich für die Regelungen und sonstigen Verwaltungsmaßnahmen zuständig, die sich auf sein eigenes Gebiet beziehen.[55] Insofern ähnelt das Verhältnis zwischen den Ländern den völkerrechtlichen Grundsätzen über das Verhältnis zwischen Staaten.

Fraglich ist jedoch, ob die Länder bei der Ausübung ihrer Kompetenzen strikt an das eigene Gebiet gebunden sind, oder ob die Verwaltungsmaßnahme eines Landes, sobald sie irgendeinen Bezug zu dessen Gebiet aufweist, auch Wirkungen auf dem Gebiet anderer Länder entfalten kann und darf. In Anlehnung an die

52 Zum Nebeneinander von Bund und Ländern: *J. Isensee*, Idee und Gestalt des Föderalismus im Grundgesetz, in: ders./P. Kirchhof (Hrsg.), Handbuch des Staatsrechts, Band VI, 3. Aufl. Heidelberg 2008, § 126 Rn. 20, 21. Zur Eigenstaatlichkeit der Länder: BVerfGE 1, 14 (34); *H. Bauer*, in: H. Dreier (Hrsg.), GG, Band II, 2. Aufl. 2006 Tübingen, Art. 20 (Bundesstaat), Rn. 35 m.w.N.

53 *Isensee* (Fn. 52), Rn. 33.

54 *Bauer* (Fn. 52), Rn. 37.

55 BVerfGE 11, 6 (19); BGHZ 54, 157 (162).

im Völkerrecht entwickelten Begrifflichkeiten können dabei drei Arten der länderübergreifenden Wirkungen unterschieden werden:[56]

Zum einen kann schon der Ort, an dem die Landesorgane die Verwaltungsmaßnahme vornehmen, außerhalb der Landesgrenzen liegen.[57] Dies gilt sowohl für die Vornahme eines Regelungsaktes, wie z. B die Bekanntmachung eines Verwaltungsaktes, als auch die Vornahme eines Realaktes, wie z. B. die Vollstreckung eines Verwaltungsaktes durch unmittelbaren Zwang. Zum anderen kann der sachliche Anwendungsbereich einer Regelung die Landesgrenzen überschreiten.[58] Das bedeutet, dass das Land sich beim Erlass von Normen und Entscheidungen nicht auf Sachverhalte beschränkt, bei denen sich die betroffenen Menschen und Gegenstände auf seinem Territorium befinden, sondern auch Sachverhalte mit einem grenzüberschreitenden Bezug erfasst. Und schließlich ist es drittens möglich, die Ausweitung des sachlichen Anwendungsbereichs mit einer Ausweitung des räumlichen Geltungsbereichs der Norm oder Entscheidung zu verbinden.[59] Dann ist die Norm oder Entscheidung nicht nur im Gebiet des erlassenden Landes für dessen Organe auf die grenzüberschreitenden Sachverhalte anwendbar, sondern sie ist auch auf dem Territorium des anderen Landes gegenüber den dort befindlichen Personen hoheitlich durchsetzbar. Es wird also das Gebiet erweitert, in dem die Norm oder Entscheidung von staatlicher Hoheitsgewalt im Wege der Gesetzgebung, Rechtsprechung oder des Gesetzesvollzugs durchgesetzt wird.[60] Soweit ein Land seine Regelung nicht ausnahmsweise selbst auf fremdem Territorium vollziehen darf, kommt eine Erstreckung des räumlichen Geltungsbereichs nur in der Form in Betracht, dass die Regelung des einen Landes auch die Organe des anderen Landes bindet.

Wenn nun die Länder ähnlich wie die unabhängigen Staaten im Völkerrecht als Gebietskörperschaften verstanden werden und ihre Verwaltungskompetenz sich grundsätzlich auf ihr eigenes Territorium bezieht, liegt es auf den ersten Blick nahe, mangels ausdrücklicher Regelung im Grundgesetz auch die Zulässigkeit solcher grenzüberschreitender Wirkungen nach den Grundsätzen des Völkerrechts zu bestimmen. Eine unmittelbare Anwendung der völkerrechtlichen Grundsätze kommt zwar nicht in Betracht.[61] Eine analoge Anwendung ist aber möglich, soweit das Grundgesetz Lücken aufweist und die Interessenlage im Verhältnis zwischen den Ländern mit der im Verhältnis zwischen unabhängigen

56 Zum Ganzen: *V. Epping/C. Gloria*, in: K. Ipsen (Hrsg.), Völkerrecht, 5. Aufl. München 2004, § 23 Rn. 66 – 95.

57 *Epping/Gloria* (Fn.56), Rn. 69 – 72.

58 *Epping/Gloria* (Fn. 56), Rn. 86 f.

59 *Epping/Gloria* (Fn. 56), Rn. 87.

60 *Epping/Gloria* (Fn. 56), Rn. 87.

61 BVerfGE 1, 14 (51 f.), 34, 216 (231 f.); *Isensee* (Fn. 52), Rn. 33.

Staaten vergleichbar ist.[62] Eine solche analoge Anwendung würde bedeuten, dass eine Vornahme von Regelungsakten und sonstigen Verwaltungsmaßnahme auf fremdem Territorium, von einigen eng umgrenzten Ausnahmen abgesehen, ausgeschlossen ist,[63] dass die Länder zwar den sachlichen Anwendungsbereich ihrer Regelung über ihre Landesgrenzen hinaus erstrecken dürfen, sie ihren Regelungen aber im fremden Landesterritorium keine Geltung verschaffen können.[64] Ein solches »völkerrechtliches« Verständnis von territorial begrenzten Zuständigkeitsräumen liegt ersichtlich der herrschenden Meinung zu den grenzüberschreitenden Wirkungen der Verleihung des Status einer Körperschaft des öffentlichen Rechts zugrunde.[65]

Für eine solche Anwendung der völkerrechtlichen Grundsätze spricht, dass sie die Eigenstaatlichkeit der Länder unterstützen. Das Grundgesetz hat sich bewusst für ein bundesstaatliches Organisationsmodell und eine Verteilung der Kompetenzen auf die verschiedenen Länder entschieden.[66] Die Verhältnisse im Bundesstaat dürfen nicht ohne weiteres, mit dem bloßen Verweis auf die Zweckmäßigkeit einer möglichst einheitlichen Verwaltung an die Verhältnisse im Einheitsstaat angeglichen werden.[67] Im Zweifel ist daher die Staatlichkeit der Länder durch einen Rückgriff auf die völkerrechtlichen Prinzipien zu stärken.[68]

Im Hinblick auf die Verfassung der Länder als Gebietskörperschaften und zur Stärkung des Bundesstaatsprinzips durch eine Stärkung der Länder scheint somit die Anwendung der völkerrechtlichen Grundsätze zunächst die richtige Lösung zu sein.

b) Die eigenständigen Grundsätze des Bundesstaatsprinzips

Eine analoge Anwendung der völkerrechtlichen Grundsätze setzt allerdings voraus, dass sich aus dem Bundesstaatsprinzip keine eigenständigen Grundsätze über das Verhältnis zwischen den Ländern ableiten lassen. Insbesondere ist fraglich, ob das Bundesstaatsprinzip nicht Loyalitätspflichten zwischen den Ländern

62 Für die Möglichkeit einer analogen Anwendung: BVerfGE 1, 14 (51 f.); 36, 1 (24); *Isensee* (Fn. 52), Rn. 34. Pauschal ablehnend aber: BVerfGE 34, 216 (231).

63 BVerfGE 63, 343 (372); *Epping/Gloria* (Fn. 56), Rn. 69.

64 StIGH, Urteil vom 7. September 1927, (Lotus Fall: Frankreich gg. Türkei), PCIJ Ser. A, No. 10 (1927), 18 f.; *Epping /Gloria* (Fn. 56), Rn. 86 f.

65 Vgl. die Darstellung oben unter B.II.1.

66 *A. Bleckmann*, Die Anerkennung der Hoheitsakte eines anderen Landes im Bundesstaat, NVwZ 1986, 1 (3).

67 Ibid.

68 Ibid.

begründet, die über die Kooperationspflichten zwischen unabhängigen Staaten hinausgehen. Auch ist zu bedenken, ob die engere Verknüpfung zwischen den Ländern, die sich unter anderem aus ihrer gemeinsamen Bindung an das Bundesrecht ergibt, nicht dazu führt, dass ihr Verhältnis mit dem Verhältnis unabhängiger Staaten zueinander nicht vergleichbar ist.

Dem entsprechend finden sich in der Verwaltungspraxis eine Vielzahl von Beispielen, in denen länderübergreifenden Wirkungen von Verwaltungsmaßnahmen nach völkerrechtlichen Grundsätzen unzulässig wären, im Bundesstaat aber naheliegend erscheinen und oft auch als selbstverständlich akzeptiert werden. Dies zeigt schon der einfache Fall, dass in dem Verwaltungsverfahren eines Landes einer der Beteiligten zufällig seinen Wohnsitz in einem anderen Land hat., Nach völkerrechtlichen Grundsätzen d wäre es unzulässig, dass die handelnde Behörde ihre Entscheidung grenzüberschreitende Wirksamkeit verschafft, indem sie diese dem Beteiligten an seinem Wohnsitz bekannt macht. Im Bundesstaat ist die bundeweite postalische Versendung von Verwaltungsentscheidungen aber unzweifelhaft zulässig.[69] Außerdem wäre nach völkerrechtlichen Grundsätzen ausgeschlossen, dass die behördliche Entscheidung eines Landes automatisch in einem anderen Land Geltung erlangt, so dass die dortigen Landesorgane zu ihrer Durchsetzung verpflichtet sind. Das BVerwG hat hingegen angenommen, dass die Aussagepflicht vor dem Untersuchungsausschuss eines Landtages auch gegenüber Personen, die in einem anderen Land wohnen, wirksam und durchsetzbar ist.[70]

Andere Beispiele für zulässige Überschreitungen der Landesgrenzen bei der Vornahme einer Maßnahme wären die Nacheile durch die Polizei[71] und die gezielte Ausstrahlung von Rundfunksendungen über die Landesgrenzen hinweg[72]. Allgemein als unzulässig angesehene wird nur die Vornahme von Vollstreckungsmaßnahmen auf fremdem Landesgebiet.[73]

Auch weitere Beispiele, in denen eine länderübergreifenden Wirkung des sachlichen Anwendungsbereichs und räumlichen Geltungsbereichs einer Verwaltungsentscheidung in Betracht kommen, finden sich in großer Zahl. So ist bei jeder Verleihung eines Status oder einer Erlaubnis zu einer nicht ortsgebundenen Tätigkeit durch ein Land zu bedenken, ob der Inhaber des Status oder der Erlaubnis sich auch nach einer Überschreitung der Landesgrenzen noch auf diese berufen kann. Beispiele sind etwa die Einbürgerung, die Ernennung zum Beam-

69 Selbstverständlich bejahend für das Verhältnis zwischen den Ländern: BVerwGE 79, 339 (344); *Isensee* (Fn. 52), Rn. 41; verneinend für das Völkerrecht: BVerfGE 63, 343 (373).

70 BVerwGE 79, 339 ff.; ausführliche Auseinandersetzung bei: *Isensee* (Fn. 52), Rn. 39, 42.

71 Z. B. §§ 8, 9 POG NRW

72 BVerwGE 22, 299 (306 f).

73 BGH, Urteil vom 22. Mai 1970, Az. IV ZR 1008/68, Rn. 15; *Isensee* (Fn. 52), Rn. 41.

ten, die Zulassung zu einem bestimmten Beruf, die Erteilung eines Führerscheins, die Erlaubnis zum Betrieb eines Kraftfahrzeuges, die Erteilung einer Reisegewerbekarte, die Verleihung der Hochschulreife oder die Erlaubnis zur Haltung eines gefährlichen Hundes.[74] Das Gleiche gilt für Allgemeinverfügungen, die eine bestimmte Art von Tätigkeit für eine Vielzahl von Fällen genehmigen, wie z. B. Typengenehmigungen für Bauwerke oder Anlagen oder die Zulassung von Medikamenten zum Verkauf.[75] Auch Genehmigungen für an sich ortsgebundene Vorhaben kommt eine länderübergreifende Wirkung zu, wenn auch die weiträumige faktischen Auswirkungen des Vorhabens von der Erlaubnis erfasst sind, wie dies z. B. für eine Immissionsschutzgenehmigung für eine grenznahe Anlage nach dem BImSchG in Betracht kommt. Bei einer strikten Anwendung völkerrechtlicher Grundsätze müsste in all diesen Fällen eine länderübergreifende Wirkung der Verwaltungsentscheidungen abgelehnt werden. Eine solche pauschale Lösung wird von der Verwaltungspraxis und Rechtsprechung aber nicht vertreten. Für die Zulassung solcher grenzüberschreitender Wirkungen sprechen im Bundesstaat zwei Argumente.

Zum einen ist dies das Bundesstaatsprinzip selbst. Die Bundesrepublik Deutschland stellt gerade keine völkerrechtliche Verbindung der einzelnen Bundesländer dar, sondern einen eigenen Staat mit einer einheitlichen (Bundes-) Rechtsordnung, beruhend auf einem einheitlichen Staatsvolk. In diesem Bundesstaat sind die Bundesländer dem Bund und einander zu gesteigerter Loyalität verpflichtet. Für die Loyalität der Bundesländer zueinander ist insbesondere Art. 35 GG von Bedeutung. Die Vorschrift regelt zwar nur die Pflicht zur Amtshilfe, nicht aber eine allgemeine Pflicht zur Anerkennung von Verwaltungsentscheidungen anderer Länder. Im Zusammenhang des Grundgesetzes deutet sie aber auf eine Loyalitätspflicht hin, welche die Anerkennung von Verwaltungsentscheidungen umfasst.[76]

Zum anderen sprechen auch die Grundrechte betroffener Bürger für eine länderübergreifende Wirkung von Verwaltungsentscheidungen. Es kann einen Eingriff in das Grundrecht auf Freizügigkeit aus Art. 11 GG darstellen, wenn eine Überschreitung der Landesgrenzen mit einem Verlust wohlerworbener Rechte, wie z. B. der Zulassung zu einem bestimmten Beruf, verbunden ist.[77] Ebenso kommt ein Eingriff in andere einschlägige Grundrechte, wie z. B. die Berufsfreiheit aus Art. 12 GG, in Betracht.[78] Obwohl das Gleichheitsrecht aus Art. 3 Abs. 1

74 Weitere Beispiele bei: *Isensee* (Fn. 52), Rn. 43 f.

75 Vgl. für die Typengenehmigung eines Dampfkessels: BVerfGE 11, 6 (19).

76 *Bleckmann* (Fn. 66), 4; weitergehend: *T. v. Danwitz* in: H v. Mangoldt/F. Klein/C. Starck (Hrsg.), Bonner Grundgesetz, Band 2, 6. Aufl. München 2010, Art. 35 Abs. 1, Rn.36 ff.

77 *Bleckmann* (Fn.66), 4; *Isensee* (Fn. 52), Rn. 43.

78 Ibid.

GG nicht greift, wenn verschiedene Länder für vergleichbare Sachverhalte verantwortlich sind, können doch die Freiheitsrechte gebieten, einen gewissen Grad an Einheitlichkeit der Lebensverhältnisse und Übertragbarkeit der erworbenen Rechte im Bundesgebiet sicherzustellen.[79]

Folglich kommt eine strikte Anwendung der völkerrechtlichen Grundsätze nicht in Betracht. Vielmehr ist zu differenzieren und zu fragen, in welchen Fällen die Loyalitätspflichten zwischen den Ländern und die Grundrechte eine grenzüberschreitende Wirkung von Verwaltungsentscheidungen gebieten. Dafür ist zwischen zwei Konstellationen zu unterscheiden. Zum einen können die Länder Bundesgesetze als eigene Angelegenheit (Art. 83 GG) oder im Auftrag des Bundes (Art. 85 GG) ausführen (aa). Zum anderen obliegen ihnen nach Art. 30 GG die Ausführung der eigenen Gesetze und die gesetzesfreie Verwaltung (bb).

aa) Vollzug von Bundesgesetzen

Soweit die Länder Bundesgesetze ausführen, ist zunächst festzustellen, dass die bundesgesetzliche Ermächtigungsgrundlage über einen Anwendungs- und Geltungsbereich verfügt, der sich auf das gesamte Bundesgebiet erstreckt. Diese Ermächtigungsgrundlage begründet als höherrangige Norm die Geltung der in der Normenhierarchie unter ihr stehenden Verwaltungsentscheidung und kann ihr folglich auch bundesweite Geltung verschaffen. Soweit der Geltungsbereich des zu vollziehenden Gesetzes reicht, soweit kann auch der Geltungsbereich der Verwaltungsentscheidung reichen.[80] Dem entspricht, dass das bundesweit geltende Gesetz zum Erlass von bundesweit geltenden Verwaltungsentscheidungen und zur bundesweiten Vornahme von Verwaltungsmaßnahmen ermächtigen kann. Die grenzüberschreitende Wirkung der Verwaltungsmaßnahme des einen Landes auf das Gebiet anderer Länder ist daher von der bundesrechtlichen Ermächtigungsgrundlage gedeckt und verstößt nicht gegen den Grundsatz des Vorbehalts des Gesetzes.

Des Weiteren bringt das Grundgesetz, indem es dem Bund die Gesetzgebungskompetenz für eine bestimmte Materie zuweist, zum Ausdruck, dass dieser Lebensbereich grundsätzlich einer bundeseinheitlichen Regelung bedarf. Bei einer Ausführung des Gesetzes durch die Länder sind die Vollzugsakte zwar dem jeweiligen Land zuzurechnen. Die Länder handeln aber nicht für sich selbst, sondern für den Bund. Sie setzen dessen gesetzliches Programm um. Dem einheitlichen Geltungsbereich des Gesetzes muss daher ein einheitlicher »Funkti-

79 BVerfGE 33, 303 (352).
80 *Isensee* (Fn. 52), Rn. 37.

onsraum« für den Verwaltungsvollzug entsprechen – sofern der Bundesgesetzgeber nichts anderes vorsieht.[81] Zu einem solchen einheitlichen »Funktionsraum« gehört, dass nicht derselbe Lebenssachverhalt bei Anwendung derselben bundesgesetzlichen Norm in dem einen Land in der einen Weise und in dem anderen Land in der anderen Weise beurteilt wird. Vielmehr muss die Frage durch die jeweils zuständige Behörde, unabhängig davon, welchem Land sie zugeordnet ist, einheitlich für das gesamte Bundesgebiet entschieden werden.

Der Annahme eines solchen einheitlichen Funktionsraums entspricht es, dass beim Vollzug von Bundesgesetzen das Verhältnis zwischen den Behörden verschiedener Länder nicht nach den Grundätzen über die Verbandskompetenz sondern nach den allgemeinen Regeln über die örtliche Zuständigkeit beurteilt wird.[82] Ein weiteres, besonders ausgeprägtes Beispiel für einen solchen, die Landesgrenzen überschreitenden einheitlichen Funktionsbereich ist die Gerichtsbarkeit.[83] Die Unterscheidung zwischen Gerichten der Länder und den Gerichten des Bundes wird weitgehend ignoriert. Stattdessen wird von einer einheitlichen Gerichtsbarkeit ausgegangen. So ist etwa völlig unumstritten, dass die Entscheidungen der Gerichte eines Landes im gesamten Bundesgebiet Rechtskraft entfalten.[84]

Schließlich ist zu bedenken, dass sowohl die Rechtseinheitlichkeit wie auch der bundeseinheitliche Gesetzesvollzug gefährdet würden, wenn der Vollzug von Bundesgesetzen durch die Länder mit einer strikten Bindung der Länder an ihr Territorium verbunden würde. Über ein und denselben Lebenssachverhalt, wie z. B. die Typengenehmigung für eine bestimmte Anlagenbaureihe eines Herstellers, könnte in den verschiedenen Ländern unterschiedlich entschieden werden. Um diese Konsequenz zu vermeiden, wurde zum Teil vertreten, dass der Bund für Verwaltungsentscheidungen mit überregionaler Wirkung eine Verwaltungskompetenz kraft Natur der Sache habe.[85] Richtigerweise ist davon auszugehen, dass die Verwaltungskompetenz bei den Ländern verbleibt, einer Rechtszersplitterung aber mit der räumlichen Erstreckung des Geltungsbereichs ihrer Verwaltungsentscheidungen begegnet werden muss.[86] Auf diese Weise wird sowohl die Stellung der Länder im bundesstaatlichen Gefüge gestärkt, als auch die Einheitlichkeit der Rechts- und Lebensverhältnisse im Bundesgebiet gewahrt.

81 *Isensee* (Fn. 52), Rn. 36.
82 OVG Münster, Urteil vom 20. April 1989, NJW 1989, 2906 (2907). Anders noch: OVG Münster, Urteil vom 3. Oktober 1978, NJW 1979, 1057 (1058).
83 *Isensee* (Fn. 52), Rn. 36.
84 *Bleckmann* (Fn. 66), 2.
85 Vgl. die Auffassung der Bundesregierung in BVerfGE 11, 6 (12).
86 *Isensee* (Fn. 52), Rn. 36.

Aus diesen Gründen ist davon auszugehen, dass eine Verwaltungsmaßnahme, die auf einer bundesgesetzlichen Ermächtigungsgrundlage beruht, grundsätzlich für das gesamte Bundesgebiet Wirkung beansprucht. Beim Vollzug von Bundesgesetzen in landeseigener Verwaltung kann das zuständige Land den Verfahrensgegenstand mit Wirkung für das gesamte Bundesgebiet abschließend entscheiden. Das BVerfG hat insofern festgestellt:

> »Ein Land ist in seiner Verwaltungshoheit grundsätzlich auf sein eigenes Gebiet beschränkt. Es liegt aber im Wesen des landeseigenen Vollzugs von Bundesgesetzen, dass der zum Vollzug eines Bundesgesetzes ergangene Verwaltungsakt eines Landes grundsätzlich im ganzen Bundesgebiet Geltung hat.«[87]

Wenn ein Unternehmen nach den § 24 ff. GewO und den dazu ergangenen Rechtsverordnungen eine Typengenehmigung für eine bestimmte Bauart von Dampfkesseln beantragt, kann folglich das Land, in dessen Gebiet das Unternehmen seinen Sitz hat, diese Typengenehmigung erteilen und ihr Geltung für das ganze Bundesgebiet verschaffen.[88]

Die Auffassung, dass Verwaltungsentscheidungen der Länder zum Vollzug von Bundesgesetzen bundesweite Geltung haben, bestätigte das Bundesverwaltungsgericht schon in einer Entscheidung aus dem Jahr 1971.[89] Das Verfahren betraf – wie das vorliegende Verfahren – eine überregionale Vereinigung. Allerdings ging es nicht um die Verleihung von Rechten, sondern umgekehrt um das Verbot der Vereinigung. Zum Zeitpunkt des Verbotes war das Vereinsgesetz noch nicht in Kraft getreten, so dass nach allgemeiner Meinung die Ermächtigungsgrundlage für das Verbot unmittelbar aus Art. 9 Abs. 2 GG folgte. Auch war die Zuständigkeit noch nicht – wie heute durch § 3 Abs. 2 Nr. 2 VereinsG – ausdrücklich einer Bundesbehörde zugewiesen. Das Bundesverwaltungsgericht bejahte die Zuständigkeit des Landes Bayern zum Verbot der überregionalen Vereinigung im Ganzen nach Art. 83 GG. Insbesondere könne der Zuständigkeit des Landes nicht entgegengehalten werden, dass die Verwaltungshoheit eines Landes sich grundsätzlich auf sein eigenes Gebiet beschränke.[90] Dieser Ansicht könne nicht gefolgt werden:

> »Sie trifft insbesondere nicht für den Vollzug bundesrechtlicher Vorschriften wie hier des Art. 9 Abs. 2 GG zu; ... Dem entsprechend löste die von der zuständigen Landesbehörde getroffene Verbots- und Auflösungsverfügung die verfassungsfeindliche überregionale

87 BVerfGE 11, 6 (19); ähnlich schon: OVG Münster, Urteil vom 25. Januar 1956, NJW 1956, 1252 (1253).
88 BVerfG, ibid.
89 BVerwGE 37, 344 ff.
90 BVerwGE 37, 344 (351 f.).

Vereinigung grundsätzlich als Ganzes auf, auch soweit diese Vereinigung in anderen Bundesländern bestand.«[91]

Es kam also nicht etwa zu einem Verbot der Tätigkeit der Vereinigung nur in Bayern, sondern zu einem bundesweit geltenden Verbot der Vereinigung als solcher.

bb) Vollzug von Landesgesetzen

Beim Vollzug von Landesgesetzen ist den Behörden der verschiedenen Länder kein einheitliches bundesgesetzliches Programm vorgegeben, sondern jede Behörde handelt aufgrund der Ermächtigungsgrundlage ihres jeweiligen Landesgesetzgebers. Die Differenzierungen zwischen den landesrechtlichen Ermächtigungsgrundlagen könnten unterlaufen werden, wenn man den darauf beruhenden Verwaltungsmaßnahmen länderübergreifende Wirkung zumisst. Folglich stellt sich die Frage, ob eine länderübergreifende Geltung von Verwaltungsentscheidungen und länderübergreifende faktische Wirkungen sonstiger Verwaltungsmaßnahmen auch beim Vollzug von Landesgesetzen angenommen werden können.

Das Bundesverwaltungsgericht hat sich in seinem Urteil über die Gültigkeit des Staatsvertrages über die Errichtung des Zweiten Deutschen Fernsehens ein erstes Mal zur länderübergreifenden Wirkung des von hoheitlichem Handeln der Länder ohne bundesgesetzliche Grundlage geäußert.[92] Dabei kann hier dahinstehen, ob der Abschluss des Staatsvertrages und die Errichtung der bundesweit handelnden gemeinsamen Anstalt eine legislative Tätigkeit oder eine Tätigkeit der gesetzesfreien Verwaltung ist. Das Bundesverwaltungsgericht führt nämlich aus, dass die Länder bei der Ausübung ihrer Kompetenzen allgemein – also auch beim Vollzug von Landesgesetzen – nicht an das eigene Territorium gebunden seien. Es gebe keine Vorschrift im Grundgesetz, nach der die Staatsgewalt eines Landes nur in seinem Staatsgebiet ausgeübt werden könne.[93] Vielmehr sei es als verfassungsgemäß anzusehen, dass die Urteile der Gerichte eines Landes und die Verwaltungsakte der Landesbehörden im ganzen Bundesgebiet Geltung hätten, ohne dass sie zuvor von den örtlich zuständigen Gerichten oder Behörden für vollstreckbar erklärt werden müssten.[94] Damit bejaht das Bundesverwaltungsge-

91 Ibid.
92 BVerwGE 22, 299 ff.
93 BVerwGE 22, 299 (306 f.).
94 Ibid.

richt grundsätzlich die bundesweite Wirkung von Verwaltungsentscheidungen der Länder auch für Handeln ohne bundesgesetzliche Ermächtigungsgrundlage.

Etwas vorsichtiger äußerte sich das Bundesverwaltungsgericht, als es über die Befugnis des Landesuntersuchungsausschusses zu entscheiden hatte, auf der Grundlage der Landesverfassung einen Zeugen mit Wohnsitz in einem anderen Bundesland zu laden.[95] Hier betonte es zunächst, dass ein Bundesland in seiner Gesetzgebungshoheit grundsätzlich auf sein eigenes Gebiet beschränkt sei und folglich auch die auf dem Landesgesetz beruhenden Verwaltungsentscheidungen grundsätzlich nur im Landesgebiet Geltung hätten.[96] Im Folgenden stellte es dann aber klar, dass diese völkerrechtlichen Grundsätze nicht ohne weiteres auf das bundesstaatliche Verhältnis übertragen werden könnten.[97] Vielmehr seien die Bundesländer und Bundesbürger auch über die Landesgrenzen hinweg Teil eines als Einheit zu verstehenden Staates. Dieser bundesstaatliche Grundsatz komme unter anderem darin zum Ausdruck, dass Art. 33 Abs. 1 GG jedem Deutschen in jedem Bundesland die gleichen staatsbürgerlichen Rechte und Pflichten zuweise und dass Art. 35 Abs. 1 GG die Länder zur Amtshilfe verpflichte.[98] Eine Beschränkung der Landesgewalt auf das Landesterritorium könne daher dem Grundgesetz nicht entnommen werden. Sie könne insbesondere nicht angenommen werden, wenn die Erstreckung des Geltungsbereichs eines Landesgesetzes über die Landesgrenzen hinaus die Staatsgewalt anderer Länder in keiner Weise beeinträchtige, sondern sie lediglich den wirksamen Vollzug eines auf den Landesbereich beschränkten Gesetzes sicherstellen solle.[99] Eine solche Erstreckung zur bloßen Sicherstellung des wirksamen Vollzugs sei gegeben, wenn ein Landesuntersuchungsausschuss sich mit einem das Land betreffenden Gegenstand befasse und lediglich einen in einem anderen Land ansässigen Zeugen laden wolle.[100] Auch in sonstigen Zusammenhängen, wie z. B. dem Verwaltungsverfahren nach den Landesverwaltungsverfahrensgesetzen, sei allgemein anerkannt, dass Untersuchungs- und Beweiserhebungsbefugnisse nicht an der Landesgrenze Halt machten.[101]

Der VGH München war zweimal mit der Geltung von Hochschulzulassungen anderer Länder in Bayern befasst. In einer Eilentscheidung aus dem Jahr 1981

95 BVerwGE 79, 339 ff.
96 BVerwGE 79, 339 (341).
97 BVerwGE 79, 339 (341 f.).
98 Ibid.
99 BVerwGE 79, 339 (342 f.); zuvor schon: VG Hannover, Beschluss vom 12. Januar 1988, NJW 1988, 1928 (1929 f.); anders: OVG Lüneburg, Entscheidung vom 28. Januar 1986, DVBl. 1986, 476 (477 ff.).
100 Ibid.
101 BVerwGE 79, 339 (343 f.).

ging er zwar davon aus, dass die Reifezeugnisse anderer Länder in Bayern nicht automatisch als Hochschulzugangsberechtigung Geltung haben.[102] Die den Hochschulzugang regelnde Rechtsverordnung des Landes könne die Anerkennung der fremden Reifeprüfung von ihrer Gleichwertigkeit mit der bayerischen Reifeprüfung abhängig machen. Dies fordere auch das Recht auf Chancengleichheit der bayerischen Studienplatzbewerber.[103] Jedoch habe die Landesverwaltung bei der Beurteilung der Gleichwertigkeit zu beachten, dass nichtbayerische Studienplatzbewerber mit der Hochschulzugangsberechtigung eine Rechtsposition erlangt hätten, die durch Art. 12 Abs. 1 GG geschützt sei.[104] Außerdem könnten sich die Bewerber darauf berufen, dass sie nach Art. 11 GG Freizügigkeit im gesamten Bundesgebiet genössen und dass nach Art. 33 Abs. 1 GG allen Bundesbürgern im gesamten Bundesgebiet die gleichen staatsbürgerlichen Rechte und Pflichten zustünden. Schließlich sei zu berücksichtigen, dass das Hochschulwesen angesichts der Studienplatzknappheit ein länderübergreifendes System darstelle, das auf die gegenseitige Anerkennung der Hochschulzugänge angelegt sei. Aus alle dem folge, dass die Länder bei der Anerkennung »prinzipiell nicht kleinlich« verfahren dürften.[105] Gleichwertigkeit meine nicht eine völlige Gleichheit der Tatbestandsvoraussetzungen der Hochschulreife, sondern nur eine materielle Gleichwertigkeit der Leistungsanforderungen und Bewertungspraxis. Grundsätzlich dürfe die Landesverwaltung keine Anforderungen stellen, die über die Mindestanforderungen hinausgingen, die im Bundesgebiet allgemein anerkannt seien und wie sie sich insbesondere aus den Beschlüssen der Kultusministerkonferenz ergäben.[106]

Diese Auffassung bestätigte der VGH München in einem Beschluss aus dem Jahr 2006.[107] Hier stellte er fest, dass sich aus den objektiv-rechtlichen Gewährleistungsinhalten der Art. 11 Abs. 1, 12 Abs. 1 und 33 Abs. 1 GG eine Rechtspflicht zur länderübergreifenden Anerkennung materiell gleichwertiger Schulabschlüsse bei der Zulassung zum Hochschulstudium ergebe.[108] Die bayerischen Hochschulen dürften daher Hochschulzugangsberechtigungen anderer Bundesländer bei der Vergabe von Studienplätzen wie bayerische Hochschulzugangsberechtigungen berücksichtigen und seien nicht zur Einführung eigener Studierfä-

102 VGH München, Beschluss vom 7. November 1980, NJW 1981, 1973 (1973).
103 VGH München, a.a.O., 1974.
104 Ibid.
105 Ibid.
106 Ibid.
107 VGH München, Beschluss vom 20. März 2006, NVwZ-RR 2006, 695 ff.
108 VGH München, a.a.O., 696.

higkeitstests zur Ermittlung des wirklichen Leistungsstandes der Bewerber verpflichtet.[109]

Zur Unterstützung seiner Position verwies der VGH München in beiden Fällen auf das Urteil des Bundesverfassungsgerichtes zum *numerus clausus* aus dem Jahr 1972.[110] Diese Entscheidung betraf zwar nicht unmittelbar die Anerkennung fremder Hochschulzugangsberechtigungen. Jedoch wertete das Bundesverfassungsgericht es als Verstoß gegen das Recht auf freie Wahl der Ausbildungsstätte aus Art. 12 Abs. 1 GG, dass das Land bayerischen Studienplatzbewerbern bei ihrer heimatnahen Universität einen Notenbonus gewährte und dadurch in bestimmten, besonders nachgefragten Studiengängen faktisch nur noch die vor Ort ansässigen bayerischen Bewerber eine Chance auf Zulassung hatten.[111] Die Nichtanerkennung gleichwertiger Hochschulzugangsberechtigungen anderer Länder würde erst Recht zu einer Benachteiligung der fremden Studienplatzbewerber und damit einem Verstoß gegen Art. 12 Abs. 1 GG führen.

Somit bestehen zwar Bedenken, eine automatische länderübergreifende Wirkung von Verwaltungsentscheidungen auf landesgesetzlicher Grundlage oder in der gesetzesfreien Verwaltung ausnahmslos anzuerkennen.[112] Die Loyalität im Bundesstaat gebietet aber gleichwohl eine Anerkennung der fremden Entscheidung, wenn sie sich vorrangig auf den Bereich des erlassenden Landes bezieht oder zu ihrer wirksamen Durchsetzung der länderübergreifenden Wirkung bedarf.

Im Übrigen gebieten die Grundrechte nicht nur eine Anerkennung bei bestehender Gleichwertigkeit. Daneben begründen sie auch eine Pflicht der Länder zu Kooperation. In einem gewissen Umfang müssen diese sich darum bemühen, durch Verträge und informelle Absprachen ein Mindestmaß an Einheitlichkeit der Voraussetzungen sicherzustellen, um so eine effektive Grundrechtsverwirklichung zu ermöglichen.[113]

Des Weiteren sind in vielen Zusammenhängen die Tatbestandsvoraussetzungen der Ermächtigungsnormen der verschiedenen Länder so ähnlich, dass aus den bundesstaatlichen Loyalitätspflichten und den Grundrechten der betroffenen Personen eine Pflicht zur gegenseitigen Anerkennung der darauf beruhenden Verwaltungsentscheidung abgeleitet werden kann. Soweit die gesetzlichen Regelungen in den Ländern identisch sind oder aus sonstigen Gründen die Gleichwertigkeit der Entscheidungen sichergestellt ist, muss ein Land die Entscheidung ei-

109 VGH München, a.a.O., 696 ff.
110 BVerfGE 33, 303 ff.
111 BVerfGE 33, 303 (351 – 356).
112 Ablehnend auch: *Bleckmann* (Rn. 66), S. 5; *Isensee* (Rn. 52), Rn. 38.
113 *Isensee* (Rn. 52), Rn. 44; *Bleckmann* (Rn. 66), S. 5.

nes anderen Landes anerkennen. Dabei dürfen an die Gleichwertigkeit keine zu hohen Anforderungen gestellt werden, sondern es genügt eine Prüfung »*grosso modo*«.[114]

Im Ergebnis kommt eine Verweigerung der Anerkennung von Verwaltungsentscheidungen eines anderen Landes somit nur in Betracht, wenn die Tatbestandsvoraussetzungen der Entscheidungen in den beiden Ländern durch den Landesgesetzgeber grundsätzlich anders geregelt sind.

c) Zwischenergebnis

Die vorangegangenen Überlegungen haben gezeigt, dass für die grenzüberschreitende Wirkung von Verwaltungsentscheidungen eines Bundeslandes grundsätzlich bundesstaatliche und nicht völkerrechtliche Prinzipien gelten. Dies bedeutet konkret, dass Verwaltungsentscheidungen in Ausübung von Bundesrecht bundesweite Wirkung entfalten. Auch den Verwaltungsentscheidungen auf der Grundlage von Landesrecht kann in einem anderen Bundesland nur im Ausnahmefalle die Anerkennung verweigert werden.

2. Einfluss der Verleihung von »Hoheitsrechten«?

Wenn nun der Grundsatz gilt, dass Statusentscheidungen nach Bundesrecht – und damit auch die Verleihung des Status einer Körperschaft des öffentlichen Rechts nach Art. 137 Abs. 3 WRV – grundsätzlich grenzüberschreitende Wirkungen haben, sind mögliche Ausnahmen von diesem Grundsatz zu prüfen. Eine Ausnahme könnte darin liegen, dass der Status einer Körperschaft des öffentlichen Rechts mit der Verleihung von »Hoheitsrechten« einhergeht – immerhin nimmt ja die derzeit noch herrschende Ansicht (oben I.3.) an, dass eine Verleihung von Hoheitsrechten keine grenzüberschreitende Wirkung besitzen kann. Hierbei ist zunächst zu klären, was unter dem Begriff »Hoheitsrecht« zu verstehen ist (a), bevor die grenzüberschreitende Wirkung derartiger Rechte thematisiert (b) werden kann.

114 *Isensee* (Rn. 52), Rn. 43.

a) Begriff des »Hoheitsrechts«

Der Begriff des Hoheitsrechts wird in unterschiedlichen Zusammenhängen verwendet und kann Unterschiedliches bedeuten.

Im Verwaltungsrecht versteht man »hoheitlich« zunächst einfach als Synonym für »öffentlich-rechtlich« in Abgrenzung zu »privatrechtlich«.[115] Nach den gängigen drei Abgrenzungstheorien werden *Rechtsakte* als öffentlich-rechtlich verstanden, wenn sie im öffentlichen und nicht im privaten Interesse bestehen (Interessentheorie), wenn sie durch ein Verhältnis der Über-/Unterordnung und nicht der Gleichordnung gekennzeichnet sind (Subordinationstheorie) oder wenn sie den Staat als solchen berechtigen oder verpflichten (modifizierte Subjektstheorie).[116] *Realakte* werden darüber hinaus auch nach ihrem Zusammenhang dem öffentlichen Recht oder dem Privatrecht zugerechnet.[117] Und *Körperschaften* des öffentlichen Rechts erhalten diese Zuordnung kraft des Gesetzes, auf dessen Grundlage sie errichtet werden.[118]

Das Verfassungsrecht verwendet den Begriff der »Hoheitsrechte« in Art. 23 Abs. 1 Satz 2 und Art. 24 Abs. 1 und 1a GG (sie ermächtigen den Bund zur Übertragung von Hoheitsrechten auf die Europäische Union, zwischenstaatliche und grenznachbarschaftliche Einrichtungen) bzw. den Begriff der »hoheitsrechtlichen Befugnisse« in Art. 33 Abs. 4 GG (wonach die Ausübung dieser Befugnisse in der Regel Angehörigen des öffentlichen Dienstes zu übertragen ist). Eine Definition der Hoheitsrechte nach Art. 23 und 24 GG stellt auf die Ausübung öffentlicher Gewalt – umschrieben als Gesetzgebung, Vollziehung und Rechtsprechung – ab, die unmittelbar im innerstaatlichen Bereich wirksam wird.[119] Im Mittelpunkt der Definitionsbemühungen steht regelmäßig die Durchgriffswirkung, die der Akt einer überstaatlichen Einrichtung in der innerstaatlichen Rechtsordnung erzielt, ohne dass es (wie es für die Geltung überstaatlicher Rechtsakte normalerweise der Fall ist) eines weiteren innerstaatlichen Anwendungsbefehls bedarf. Der Funktionsvorbehalt des Art. 33 Abs. 4 GG hingegen verwendet den Begriff der hoheitsrechtlichen Befugnisse in einem anderen Kontext. Denn er beschreibt einen Bereich öffentlich-rechtlicher Tätigkeit, der im

115 Vgl. etwa *H. Maurer* (Fn. 37) § 9, Rn. 11.

116 Ibid. § 3, Rn. 10 ff.

117 Ibid., § 15, Fn. 4.

118 Ibid., § 23, Rn. 37.

119 Etwa *Classen* in: v. Mangoldt/Klein/Starck (Fn. 76), Art. 24 Abs. 1, Rn. 4 ff.; *H. D. Jarass* in: ders./B. Pieroth (Hrsg.), Grundgesetz, 10. Aufl. München 2009, Art. 24, Rn. 4 f.; *A. Randelzhofer* in: Maunz/Dürig (Fn. 13), Art. 24 Abs. I, Rn. 30; *D. König*, Die Übertragung von Hoheitsrechten im Rahmen des europäischen Integrationsprozesses, Berlin 2000, S. 96 f.

Regelfall nur von Beamten ausgeübt werden soll, nicht aber durch Arbeitnehmer oder Angestellte öffentlicher Einrichtungen, durch Beliehene oder Private. Hoheitsrechtliche Befugnisse werden in diesem Zusammenhang umschrieben als solche, die mit der Funktionsfähigkeit des Staates notwendig verbunden oder (bei der Eingriffsverwaltung) besonders grundrechtsrelevant sind.[120]

Darüber hinaus beschäftigt sich auch das Verfassungsrecht ganz allgemein mit der Abgrenzung von staatlicher (Art. 1 Abs. 1 Satz 2, Art. 20 Abs. 2 GG) oder öffentlicher (Art. 19 Abs. 4, Art. 93 Abs. 1 Nr. 4a GG) und sonstiger Gewalt. Da diese Vorschriften einerseits einem umfassenden Grundrechtsschutz (Art. 1 Abs. 1, Art. 19 Abs. 4, Art. 93 Abs. 1 Nr. 4a GG) und andererseits einer umfänglichen Legitimation der Staatsgewalt dienen, werden die Begriffe weit verstanden. Der Rechtsweg gegen die »öffentliche Gewalt« nach Art. 19 Abs. 3 GG bezieht sich auf sämtliches Handeln der Exekutive,[121] die nach Art. 1 Abs. 1 Satz 2 GG auf die Menschenwürde verpflichtete »staatliche Gewalt« umfasst wie die Grundrechtsbindung nach Art. 1 Abs. 1 GG alle Staatsgewalten (Gesetzgebung, vollziehende Gewalt und Rechtsprechung),[122] und bei Akten dieser Grundrechtsverpflichteten ist auch die Geltendmachung der Grundrechte im Wege der Verfassungsbeschwerde möglich[123]. Auch die mit Blick auf das Demokratieprinzip legitimationsbedürftige Staatsgewalt wird im Rahmen des Art. 20 Abs. 2 GG weit definiert. Sie umfasst nach Auffassung des Bundesverfassungsgerichts jedes (interne oder externe) amtliche Handeln mit Entscheidungscharakter,[124] nach noch weitergehender Ansicht sogar jedes dem Staat zurechenbare Tun, Dulden oder Unterlassen[125].

Wenn man im Staatskirchenrecht zwischen hoheitlichen Befugnissen der öffentlich-rechtlichen Religionsgemeinschaft und sonstigen Privilegien unterscheidet, so macht es keinen Sinn, jedes Handeln der Religionsgemeinschaft als hoheitlich zu qualifizieren, denn dadurch würde die Unterscheidung aufgehoben. Außerdem lässt sich nur schwer an den Staatsbegriff anknüpfen, weil die korporierten Religionsgemeinschaften unbestritten gerade nicht der staatlichen Sphäre zuzurechnen sind.[126] Stattdessen folgt das staatskirchenrechtliche Schrifttum bei

120 *M. Jachmann* in: v. Mangoldt/Klein/Starck (Fn. 76), Art. 33 Abs. 4, Rn. 31 ff.; enger (nur auf Grundrechtsrelevanz abstellend) *Pieroth* in: Jarass/ders. (Fn. 119), Art. 33, Rn. 41.

121 *Jarass* in: ders./Pieroth (Fn. 119), Art. 19, Rn. 42.

122 *Jarass* in: ders./Pieroth (Fn. 119), Art. 1, Rn. 30.

123 *Pieroth* in: Jarass/ders. (Fn. 119), Art. 93, Rn. 50: »jeder einzelne Akt der deutschen öffentlichen Gewalt« als Beschwerdegegenstand.

124 BVerfGE 93, 37 (38).

125 *Pieroth* in: Jarass/ders. (Fn. 119), Art. 20, Rn. 5.

126 Zuletzt BVerfGE 102, 307 (388): »Sie [die korporierten Religionsgemeinschaften] nehmen keine Staatsaufgaben wahr, sind nicht in die Staatsorganisation eingebunden und un-

der Umschreibung der hoheitlichen Befugnisse insbesondere zwei Ansätzen: Zum einen wird Hoheitsbefugnis – und das ähnelt der Subordinationstheorie – als gesteigerte Rechtsmacht, das heißt als Befugnis zur einseitigen verbindlichen Rechtsgestaltung verstanden.[127] Zum anderen wird häufig der Begriff der »Übertragung« staatlicher Hoheitsrechte verwendet.[128]

Mit dem Begriff der »Übertragung« kann in der Sache Unterschiedliches gemeint sein – vom Einräumen solcher Befugnisse, die grundsätzlich dem Staat vorbehalten sind wie die einseitig verbindliche Rechtssetzung, bis hin zu der Beleihung eines Privaten mit Aufgaben, die grundsätzlich dem Staat obliegen. In der Terminologie nimmt »Übertragung« jedenfalls den in Art. 23 und 24 GG verwendeten Begriff auf.

b) Grenzüberschreitende Wirkung auch von »Hoheitsrechten«

Lässt sich vom Grundsatz der grenzüberschreitenden Wirkung der Verleihung des Körperschaftsstatus nun mit Blick auf die Hoheitsrechte eine Ausnahme machen? Hierfür sollen die beiden gerade aufgeführten unterschiedlichen Umschreibungen der Hoheitsrechte von öffentlich-rechtlichen Religionsgemeinschaften getrennt behandelt werden:

Nach dem ersten Ansatz sind Hoheitsrechte Befugnisse zur einseitig verbindlichen Rechtsgestaltung, und zwar sowohl gegenüber den eigenen Mitgliedern der Religionsgemeinschaft als auch gegenüber Dritten. (Der entgegengesetzte Begriff wäre die zwei- oder allseitige, konsensuale Rechtsgestaltung.) Allerdings ist in der Sache schon fraglich, inwieweit man die einzelnen Körperschaftsrechte als einseitig bezeichnen kann, da man in der freiwilligen Mitgliedschaft ja zumindest eine grundsätzliche Zustimmung oder Ermächtigung zur Rechtsgestaltung erblicken kann. Außerdem sind einseitige Gestaltungsbefugnisse gegenüber Dritten äußerst rar und unterscheiden sich in diesem seltenen Fall – namentlich der öffentlich-rechtlichen Widmungsbefugnis mit Wirkung gegenüber jedermann – nicht von ähnlich weit reichenden Instituten des Sachen- und damit des Privatrechts.[129]

Maßgeblich ist in jedem Fall, dass die Einräumung einer derartigen Rechtsmacht zwar Fragen nach dem Schutz der betroffenen Mitglieder oder Dritten

terliegen keiner staatlichen Aufsicht (vgl. BVerfGE 18, 385 [386]; 19, 1 [5]; 30, 415 [428]; 42, 312 [332]; 66, 1 [19 f.])«.

127 Ausführlich *Magen* (Fn. 34), S. 85 ff.; ferner z.B. *Ehlers* (Fn. 13), Rn. 25

128 Beispielhaft *Heinig* (Fn. 13), S. 289.

129 Ausführlich *Magen* (Fn. 34), S. 91 ff.

(und damit etwa nach einer Grundrechtsbindung[130] der Religionsgemeinschaft oder einer staatlichen Rechtsaufsicht) aufwerfen kann, sich aber nicht auf die grenzüberschreitende Wirkung dieser Rechtsmacht auswirkt. Im Gegenteil: Die bundesweit einheitliche Einräumung von verfassungsrechtlichen Rechten (hier der Rechte nach Art. 137 Abs. 5 WVR, ähnlich weitgehende Rechte gegenüber Privaten beinhaltet beispielsweise auch Art. 6 Abs. 2 GG) ist der Regelfall, die territoriale Beschränkung die Ausnahme, welche (so zeigt schon Art. 141 GG) einer ausdrücklichen Regelung bedarf.[131] Es verbleibt Aufgabe der Länder, die Mitglieder einer Religionsgemeinschaft oder Dritte durch Landesbehörden und Gerichte vor einer missbräuchlichen Ausübung hoheitlicher Befugnisse der Religionsgemeinschaften zu schützen. Die Länder besitzen jedoch keine Befugnis, die Ausübung dieser, auf dem Körperschaftsstatus fußende Rechte der Religionsgemeinschaft durch Nichtanerkennung des Status von einem anderen Bundesland verliehenen Status zu unterbinden.

Der zweite Ansatz beschreibt Hoheitsrechte mit dem Bild der »Übertragung«. Dies suggeriert, es gebe eine Befugnis oder eine Aufgabe, die zunächst dem Staat zugehört und nach der Übertragung auf die korporierte Religionsgemeinschaft übergeht. Intuitiv vermittelt dieses Bild den Eindruck, dass der Staat etwas überträgt und dadurch verliert, so dass er bei der Übertragung mitwirken muss. In Anlehnung an die obigen Überlegungen zum ersten Ansatz könnte man hier als entgegen gesetzten Begriff zur Übertragung den Verbleib eines Hoheitsrechts beim Staat formulieren und zugleich auch den Staat als denjenigen ansehen, der vor einem nicht von ihm veranlassten oder autorisierten Verlust an Hoheitsrechten zu schützen sei. Nun ist dieses sehr gegenständliche Bild schon für die Übertragung von Hoheitsrechten nach Art. 23 und 24 GG irreführend: Denn regelmäßig verbleiben ja die Kompetenzen zur Rechtsetzung, zum Rechtsvollzug und zur Rechtsprechung beim Bund. Statt einer Übertragung wird der deutsche Rechtsraum für weitere Akteure und deren Rechtssetzung, Rechtsvollzug und Rechtsprechung geöffnet, und dies ermöglicht insbesondere eine parallele oder gemeinschaftliche Ausübung von Hoheitsgewalt durch die Bundesrepublik und internationale Akteure.

Aber selbst wenn man die Übertragung von Hoheitsgewalt als schützenswerte Rechtsposition ansähe, wäre ferner die bundesstaatliche Kompetenzordnung zu beachten: Demnach müsste ein Bundesland die Übertragung von Hoheitsrechten

130 Diese wird aber für die Ausübung der verfassungsrechtlich garantierten Körperschaftsrechte und damit für die Grundrechtsausübung gerade verneint (s. etwa *Ehlers* [Fn. 13], Rn. 25) bzw. nur im Rahmen der allgemeinen grundrechtlichen Drittwirkung bejaht (s. etwa *Morlok* in: Dreier [Fn. 13], Rn. 85).

131 Vgl. *Zacharias* (Fn. 23), S. 1260.

auf bundesrechtlicher Grundlage hinnehmen und könnte lediglich die Übertragung von Hoheitsrechten auf landesrechtlicher Grundlage versagen[132]. Ein Abstellen auf die landesrechtlichen Kompetenzen besaß zu Weimarer Zeiten Sinn, als man noch vielfach davon ausging, der Körperschaftsstatus stelle lediglich die leere Form dar, die durch landesrechtliche Befugnisse gefüllt werde.[133] In Zeiten eines materiellen Verständnisses von Art. 137 Abs. 3 WRV schwindet jedoch die Bedeutung möglicher landesrechtlicher Hoheitsbefugnisse. Und schließlich führt das Übertragungsargument auch in der Sache nicht dazu, dass dem Körperschaftsstatus keine grenzüberschreitende Wirkung für (landesrechtliche) Hoheitsrechte zukommen darf. Versteht man unter der Übertragung von Hoheitsrechten nämlich die Übertragung von einseitiger Rechtsmacht, so deckt sich der zweite Ansatz inhaltlich mit dem ersten Ansatz, die obige Argumentation bleibt auch beim Bild der »Übertragung« gültig.

Man kann unter Übertragung von Hoheitsrechten jedoch auch die Übertragung bestimmter staatlicher Aufgaben im öffentlichen Interesse (im Gegensatz zum Interesse der Religionsgemeinschaft) verstehen. Sie wäre insofern als »Beleihung« zu qualifizieren. Beispiele aus dem Landesrecht bietet etwa die Unterhaltung von Friedhöfen, auf denen auch Nichtmitglieder bestattet werden, oder der Betrieb von kirchlichen Ersatzschulen.[134] Hier ließe sich durchaus vertreten, dass die Erfüllung einer öffentlichen Aufgabe durch die Religionsgemeinschaft mit einem erhöhten Überwachungsbedürfnis der zuständigen staatlichen Stellen einhergeht. Doch diesem wird dadurch Rechnung getragen, dass es für die Beleihung eines jeweils eigenen Rechtsaktes bedarf: Vor dem Betrieb eines Friedhofs, einer Schule oder einer Hochschule müssen die jeweiligen Religionsgemeinschaften entsprechende Antrags- und Genehmigungsverfahren durchlaufen[135]. Es besteht daher kein Bedürfnis, zusätzlich auch die vorgelagerte Frage – die Körperschaftsqualität der antragstellenden Religionsgemeinschaft – durch grenzüberschreitende Nichtanerkennung zu verneinen.

3. Besonderheiten aufgrund der Form der Verleihung?

Die Verleihung des Status einer Körperschaft des öffentlichen Rechts erfolgt in den Bundesländern in unterschiedlicher Rechtsform: Überwiegend ergeht eine Entscheidung des Kultusministers oder des Landeskabinetts, die man als Verwal-

132 Vgl. die Ausführungen oben unter B.II.1.
133 Ausführlich *Zacharias* (Fn. 23), S. 1259.
134 *Ehlers* (Fn. 13), Rn. 25.
135 Vgl. z. B. Art. 9 Abs. 2 Satz 1 BayBestG, Art. 92 BayEUG und Art. 108 BayHSchG.

tungsakt qualifizierten kann. In Hamburg hat die Verleihung in Form einer Rechtsverordnung, in Nordrhein-Westfalen und Bremen in Form eines Parlamentsgesetzes zu ergehen.[136] Die obigen Ausführungen zur grenzüberschreitenden Wirkung von Verwaltungsentscheidungen betreffen zunächst die Verleihung durch Verwaltungsakt.

Man könnte nun erwägen, ob bei einer Verleihung durch Rechtsverordnung oder Parlamentsgesetz etwas anderes gelten muss. Jedoch kann im vorliegenden Fall die unterschiedliche Rechtsform keine unterschiedlichen Folgen für die grenzüberschreitende Wirkung der Verleihung haben. Denn entscheidend ist lediglich, dass durch einen Rechtsakt des Landes – der Landesexekutive oder Landeslegislative – verbindlich über ein Recht entschieden wird, das auf Grundlage von Bundes(verfassungs)recht besteht. Es würde im Übrigen der oben ausgeführten Idee der einheitlichen Rechtsordnung im Bundesstaat widersprechen, wenn ein Bundesland durch die Wahl einer besonderen Rechtform bei der Verleihung derartiger Rechte auf Grundlage des Grundgesetzes die grenzüberschreitende Reichweite dieser Rechte beeinflussen könnte.

4. Zwischenergebnis

Als Zwischenergebnis ist festzuhalten, dass Entscheidungen von Landesbehörden in Ausübung von Bundesrecht grenzübergreifende Wirkung zukommt. Gleiches gilt – ggf. nach einer Äquivalenzprüfung – grundsätzlich auch für Entscheidungen auf landesrechtlicher Grundlage. An diesen Grundsätzen ändert weder die mit der Entscheidung verbundenen Zuerkennung von Hoheitsrechten, noch die Form der Entscheidung etwas.

IV. Subsumtion: Länderübergreifende Wirkung der Verleihung des Körperschaftsstatus nach Art. 137 Abs. 5 WRV

Vor dem Hintergrund dieser allgemeinen Überlegungen kann nun die Subsumtion erfolgen. Hierbei unterscheiden sich die länderübergreifenden Wirkungen je nachdem, ob Bundesrecht (1.) oder Landesrecht (2.) in Rede steht. Auch angesichts der länderübergreifenden Wirkung des Körperschaftsstatus verbleiben den Ländern aber weitgehende Gesetzgebungsbefugnisse zur landesrechtliche Ausgestaltung des Körperschaftsstatus (3.).

136 *Bohl* (Fn. 47), S. 92 ff.; *Heinig* (Fn. 10), S. 353 f.

1. Rechtwirkungen nach Bundesrecht

Entscheidungen von Landesbehörden in Ausübung von Bundesrecht kommt grenzübergreifende Wirkung zu. Dies bedeutet für die Verleihung des Status einer Körperschaft des öffentlichen Rechts durch die zuständige Stelle eines Bundeslandes, dass alle Rechtswirkungen, die auf Bundesverfassungsrecht, d.h. auf Art. 137 Abs. 5 WRV, oder auf einfachem Bundesrecht beruhen, bundesweit gelten. Die korporierte Religionsgemeinschaft genießt daher nicht nur bundesweite Rechtsfähigkeit als Körperschaft des öffentlichen Rechts, sondern ihr kommt auf Grundlage von Art. 137 Abs. 5 WRV auch in jedem Bundesland das Recht zu, Kirchensteuer zu erheben. Außerdem besitzt sie Dienstherrenfähigkeit, Organisationsgewalt, Rechtssetzungsautonomie, Parochialrecht und Widmungsbefugnis. Dass die auf Grundlage von Art. 137 Abs. 5 WRV bestehenden Körperschaftsrechte regelmäßig als hoheitlich eingestuft werden, ändert hieran nichts. Thematisieren ließe sich allenfalls, ob die Körperschaftsrechte nicht eigentlich insofern auf landesrechtlicher Grundlage bestehen, als sie einer landesrechtlichen Ausgestaltung bedürfen. Mit dieser Begründung wird nach einer Ansicht in der Literatur die Befugnis zur Steuererhebung territorial auf das verleihende Bundesland beschränkt, da sie nach Art. 137 Abs. 6 WRV durch den Landesgesetzgeber auszugestalten sei.[137] Diesem Argument ist jedoch entgegenzuhalten, dass die Befugnis des Landesgesetzgebers zur Ausgestaltung eines verfassungsrechtlichen Rechts die bundesrechtliche Grundlage dieses Rechts unberührt lässt. Ferner ist die Religionsgemeinschaft auch beim Vollzug einfachen Bundesrechts als religiöse Körperschaft des öffentlichen Rechts anzusehen. Sie genießt damit die oben (B.I.1.b) aufgeführten Rechte auf Grundlage des einfachen Bundesrechts.

2. Rechtswirkungen nach Landesrecht

Für die Auslegung und Anwendung bestehenden Landesrechts, das heißt der auf landesrechtlicher Grundlage gewährten Körperschaftsrechte, gelten die allgemeinen Auslegungsgrundsätze. Hierzu zählt allerdings nicht der oben entwickelte Äquivalenzgrundsatz, das heißt die Verpflichtung eines Bundeslandes zur Prüfung der Äquivalenz einer auf landesrechtlicher Grundlage ergangenen Entscheidung (etwa bei der Anerkennung des Abiturs), da diese sich naturgemäß auf Entscheidungen bezieht, die ausschließlich auf landesrechtlicher Grundlage ergangen sind. Für die vorliegend interessierende, auf Art. 137 Abs. 5 WRV bezo-

137 So *Doose* (Fn. 46).

gene Verleihungsentscheidung kann der Äquivalenzgrundsatz daher nicht unmittelbar herangezogen werden.

Stattdessen gilt für eine landesrechtliche Vorschrift, die eine »Körperschaft des öffentlichen Rechts« betrifft, der allgemeine Auslegungskanon, d.h. Wortlaut, Historie, Systematik und Sinn und Zweck, sowie das Gebot der verfassungskonformen Auslegung. Grundsätzlich kann mit dem Begriff der »Körperschaft des öffentlichen Rechts« (oder gleichbedeutender Bezeichnungen) in einer Landesnorm unterschiedliches gemeint sein: eine Körperschaft, der dieser Status von den eigenen Landesbehörden verliehen wurde, oder auch eine Körperschaft, welcher der Status in einem anderen Bundesland verliehen wurde, möglicherweise aber etwa auch – als inhaltliches Kriterium – eine Körperschaft, die (durch ihre Mitglieder, ihre Leitungsstruktur, ihre Tätigkeit) einen gewissen Bezug zum jeweiligen Bundesland aufweist.

Im Kontext der derzeitigen Praxis der »Erst-« und »Zweitverleihung« des Körperschaftsstatus in den Bundesländern kann man einerseits wohl vermuten, dass der Landesgesetzgeber häufig von einem landesrechtlichen (das heißt im Land jeweils eigens anzuerkennenden und nicht grenzübergreifenden) Körperschaftsstatus ausging. Andererseits ist eine derartige Beschränkung auf Körperschaften des öffentlichen Rechts, denen dieser Status vom jeweiligen Land verliehen wurde – soweit ersichtlich – nirgends ausdrücklich niedergelegt. Ferner hat sich auch der Begriff der Religionsgesellschaft des öffentlichen Rechts seit der Weimarer Zeit von einer formalen Hülle, die mit Hilfe landesrechtlicher Privilegien gefüllt wurden, zu einem materiellen, verfassungsrechtlich bestimmten Begriff gewandelt.[138] Daher kann man unterstellen, dass der Landesgesetzgeber heutzutage an diesen – bundeseinheitlichen – Begriff anknüpft, sofern er sich nicht ausdrücklich von ihm abgrenzt. Schließlich kann man auch das Gebot der verfassungskonformen Auslegung für ein im Zweifel bundesweit einheitliches Verständnis des Körperschaftsstatus anführen. Der Körperschaftsstatus nach Art. 137 Abs. 5 WRV dient, wie das Bundesverfassungsgericht in seiner Zeugen-Jehovas-Entscheidung ausführt, der Verwirklichung der Religionsfreiheit.[139] Dies spricht dafür, die Religionsgemeinschaften im Zweifel nicht mit dem Erfordernis mühsamer Zweitverleihungsverfahren zu belasten.

138 *Zacharias* (Fn. 23), S. 1259.

139 »Im Kontext des Grundgesetzes ist der den Religionsgemeinschaften in Art. 137 Abs. 5 Satz 2 WRV angebotene Status einer Körperschaft des öffentlichen Rechts ein Mittel zur Entfaltung der Religionsfreiheit.«, BVerfGE 102, 370 (387); zu diesem grundrechtlichen Verständnis etwa *H. Weber*, Der öffentlich-rechtliche Körperschaftsstatus der Religionsgemeinschaften nach Art. 137 Abs. 5 WRV, in: H. M. Heinig/C. Walter (Hrsg.), Staatskirchenrecht oder Religionsverfassungsrecht?, Tübingen 2007, S. 229 ff.

Damit wird man grundsätzlich vermuten können, dass sich der Begriff der religiösen Körperschaft des öffentlichen Rechts in landesrechtlichen Vorschriften auf den bundesweit geltenden Körperschaftsstatus nach Art. 137 Abs. 5 WRV bezieht. Allerdings sind hiervon auch Ausnahmen denkbar, insbesondere wenn Systematik und Normzweck nahelegen, dass nur Körperschaften mit einer gewissen Verankerung im Land gemeint sind. In diesem Fall dürfte es allerdings genügen, das Vorliegen dieser Voraussetzung für die Gesetzesanwendung zu prüfen, ohne ein allgemeines landesrechtliche Zweitverleihungsverfahren zu betreiben. Zwei Beispiele mögen dies verdeutlichen: Wenn das Landesrecht unterschiedliche öffentlich-rechtliche Einrichtungen, darunter die korporierten Religionsgesellschaften, von Gerichtsgebühren befreit (etwa nach § 7 Abs. 1 Nr. 1 LJKG BW; § 122 Abs. 1 Nr. 1 JustizG NRW), so spricht einiges dafür, dass der Befreiungsgrund in der öffentlich-rechtlichen Eigenschaft und nicht in der örtlichen Verankerung liegt. Demnach müssten also auch die Körperschaften des öffentlichen Rechts von der Befreiung profitieren, denen dieser Status von einem anderen Land verliehen wurde. Wenn das Landesrecht den Religionsgemeinschaften hingegen Drittsenderechte oder Mitspracherechte beim Rundfunk einräumt (etwa nach § 15 Abs. 2 NDR-Staatsvertrag; § 9 Abs. 3 Staatsvertrag Südwestrundfunk), so ließe sich gut vertreten, dass es sich um solche mit einer gewissen Bedeutung für das entsprechende Sendegebiet handeln muss. Dies kommt in der Gesetzgebungspraxis schon dadurch zum Ausdruck, dass einige Regelungen nicht an den Körperschaftsstatus anknüpfen, sondern die berechtigten Religionsgemeinschaften (im Regelfall die christlichen Kirchen und jüdische Gemeinden) ausdrücklich benennen (vgl. etwa Art. 8 Abs. 2 WDR-G; § 17 Abs. 1 Nr. 2 NDR-Staatsvertrag; § 14 Abs. 2 Staatsvertrag Südwestrundfunk; Art. 15 Abs. 3 WDR-G). Verwendet der Gesetzgeber hier den Begriff der Körperschaft des öffentlichen Rechts, ließe sich dieser gegebenenfalls entsprechend auf solche mit dem notwendigen Landesbezug einschränken.

Die genannten Auslegungsregeln gelten im Übrigen auch für diejenigen Befugnisse, die an den Körperschaftsstatus anknüpfen, aber eine eigene staatlichen Anerkennung oder Genehmigung erfordern. Dies ist etwa der Fall bei der Entstehung oder Anerkennung einer kirchlichen Stiftung (Art. 3, 21 ff. BayStiftungsG; §§ 5, 22 ff. StiftungsG BW; §§ 2, 13 f. StiftungsG NRW), der Genehmigung eines kirchlichen Friedhofs (Art. 8, 9 BayBestattG; §§ 1, 5 BestattG BW; §§ 1, 2 BestattG NRW) oder der Anerkennung einer kirchlichen Hochschule (§§ 72, 74 HochschulG NRW; vgl. ferner Art. 83 BayHochschulG; § 70 HochschulG NRW). Hinzu kommt in diesem Fall lediglich, dass die Verleihung der jeweiligen Rechte von zusätzlichen Voraussetzungen abhängig gemacht werden kann.

3. Verbleibender Spielraum des Landesgesetzgebers

Ungeachtet der bestehenden landesrechtlichen Gesetzeslage verbleibt dem Landesgesetzgeber jedoch ein nicht unbeträchtlicher Spielraum zur Behandlung religiöser Körperschaften des öffentlichen Rechts im Rahmen landesrechtlicher Kompetenzen. Grundgesetzlich verpflichtet ist das Land nur zur Ausgestaltung des (oben aufgeführten, in seinen Einzelheiten teilweise umstrittenen) verfassungsrechtlichen Körperschaftsgehalts, nicht aber zur Gewähr sonstiger Privilegien. Somit ist der Gesetzgeber schon auf Grundlage von Art. 137 Abs. 5 und 6 WRV dazu verpflichtet, den korporierten Religionsgesellschaften die Beitreibung der Steuern oder – zur Ausübung des Parochialrechts – einen Überblick über die ortsansässigen Mitglieder zu ermöglichen und dies entsprechend zu regeln.[140] Die Gewähr sonstiger Rechte für öffentlich-rechtliche Körperschaften, etwa der erwähnten Gebührenbefreiung,[141] steht jedoch im Ermessen des Landesgesetzgebers.

IV. Rechtsfolgen

Aus dem Vorangegangenen folgt:

1. Mit den Anträgen der Zeugen Jehovas (und inzwischen auch der Religionsgemeinschaft der Bahá'í[142]) auf Verleihung der Rechte einer Körperschaft des öffentlichen Rechts hat die religiöse Pluralisierung auch den Körperschaftsstatus des Art. 137 Abs. 5 WRV i.V.m. Art. 140 GG erreicht.[143] Das in Art. 137 Abs. 5 Satz 2 WRV enthaltene Versprechen eines gleichberechtigten Zugangs zum Körperschaftsstatus ist wesentlicher Bestandteil des Weimarer Kulturkompro-

140 Zur entsprechenden gesetzlichen Ausgestaltung des Melderechts vgl. die Nachweise bei *Kästner* (Fn. 13), Rn. 462.

141 *Weber*, Verfassungsunmittelbare Gewährleistung der Gerichtsgebührenfreiheit der Kirchen? - BVerwG, Beschluss vom 14. Februar 1996, NVwZ 1996, 786 und 787, JuS 1997, 113 ff.

142 VGH Kassel, DVBl. 2011, 1498 ff.

143 Im Verfahren vor dem hess. VGH hatte das Land zunächst einen Prozessvergleich akzeptiert, mit dem es sich verpflichtet hätte, den Körperschaftsstatus zuzuerkennen. Der Vergleich wurde dann aber fristgerecht widerrufen. Der VGH hat daraufhin festgestellt, dass der Gemeinschaft der Bahá'í ein Anspruch auf Zuerkennung des Status einer Körperschaft des öffentlichen Rechts zusteht (DÖV 2012, 37). Das Revisionsverfahren ist beim BVerwG unter dem Aktenzeichen 7 C 26.11 anhängig.

misses.[144] Die mit ihm verbundene »Gleichheit im Angebot«[145] muss ernst genommen und praktisch umgesetzt werden. Die herrschende Auffassung von der Notwendigkeit einer »Zweitverleihung« erschwert demgegenüber den Zugang zum Körperschaftsstatus und beruht auf Vorstellungen von territorial gebundener Hoheitsgewalt, die der moderne Bundesstaat in anderen Bereichen überwunden hat. Sie können deshalb auch in einem modernen Religionsverfassungsrecht pluraler Gesellschaften keinen Bestand haben. Die Rechtsform der Körperschaft des öffentlichen Rechts erweist sich so auch in der Diskussion um die »Zweitverleihung« als »rätselhafter Ehrentitel«.[146]

2. Hat ein Bundesland einer Religionsgemeinschaft den Status einer Körperschaft des öffentlichen Rechts verliehen, so gilt dies bundesweit für alle Körperschaftsrechte, die auf Bundesrecht beruhen. Es bedarf daher keiner »Zweitverleihung« des Körperschaftsstatus. Für die Anwendung von Landesrecht entfaltet die Verleihung in einem anderen Bundesland im Regelfall ebenfalls Tatbestandswirkung. Allerdings kann – je nach Kontext – bei der Auslegung von Landesrecht der Begriff der religiösen Körperschaft des öffentlichen Rechts auch enger verstanden werden. Eines eigenständigen Verfahrens bedarf es hierfür allerdings nicht.

Damit entfällt insgesamt die Notwendigkeit der »Zweitverleihung«.

3. Angesichts der geltenden Verwaltungspraxis, wie sie insbesondere in den »Empfehlungen der Kultusministerkonferenz über die Verleihung der Körperschaftsrechte an Religionsgesellschaften und Weltanschauungsvereinigungen« vom 12. März 1954 und den Erläuterungen der für kirchliche Angelegenheiten zuständigen Länderressorts hierzu vom 12. Oktober 1962 zum Ausdruck kommt, bleibt einer Religionsgemeinschaft, der im Wege der »Erstverleihung« die Körperschaftsrechte verliehen wurden, kaum etwas anderes übrig, als gleichwohl entsprechende »Zweitverleihungs«verfahren zu betreiben. Anderenfalls drohen ihr rechtspraktische Nachteile. Dies lässt sich anhand der bisherigen Erfahrungen der Vereinigung »Jehovas Zeugen in Deutschland« aufzeigen:

Ganz konkret führt die fehlende »Zweitverleihung« des Status einer Körperschaft des öffentlichen Rechts für die Zeugen Jehovas in Baden-Württemberg und Rheinland-Pfalz etwa dazu, dass ihnen in diesen Bundesländern sowohl die Steuerprivilegien einer öffentlich-rechtlichen Körperschaft als auch die Steuer-

144 *Heinig* (Fn. 13), S. 94-113; *S. Mückl*, Grundlagen des Staatskirchenrechts, in: J. Isensee/P. Kirchhof (Hrsg.), Handbuch des Staatsrechts, Band VII, 3. Aufl. Heidelberg 2009, § 159, Rn. 15.

145 *M. Heckel*, Die religionsrechtliche Parität, in: J. Listl/D. Pirson (Hrsg.), Handbuch des Staatskirchenrechts der Bundesrepublik Deutschland, Erster Band, 2. Aufl. 1994, § 20, S. 589 ff. (605).

146 *R. Smend*, Staat und Kirche nach dem Bonner Grundgesetz, ZevKR 1 (1951), 4 ff. (9).

privilegien einer gemeinnützigen privatrechtlichen Organisation (welche sie zu Zeiten privatrechtlicher Organisation genossen haben) versagt werden.[147] Ferner weigerten sich etliche Grundbuchämter, die Untergliederungen der »Jehovas Zeugen in Deutschland« als neue Grundstückseigentümer – in der Nachfolge der entsprechenden privatrechtlicher Vereinigungen – einzutragen. Begründet wurde dies stets damit, dass die »Jehovas Zeugen in Deutschland« den Körperschaftsstatus zwar in Berlin, nicht aber in dem betreffenden Bundesland erlangt hätten.[148]

Nach der Rechtsprechung des Bundesverfassungsgerichts ist der Körperschaftsstatus ein »Mittel zur Entfaltung der Religionsfreiheit«[149]. Deshalb dürfen einer Religionsgemeinschaft keine Nachteile daraus entstehen, wenn sie sich – gestützt auf die bisherige Verwaltungspraxis und herrschende Meinung in der Literatur – um die »Zweitverleihung« in allen anderen Bundesländern bemüht, um so in den vollen Genuss der Körperschaftsrechte zu kommen und also ihre Religionsfreiheit möglichst umfassend zu entfalten. Wenn sich demnach eine Religionsgemeinschaft, der bereits in einem Bundesland der Status einer Körperschaft des öffentlichen Rechts verliehen wurde, in einem Bundesland ungeachtet der hier vertretenen Entbehrlichkeit solcher Verfahren dennoch um die »Zweitverleihung« bemüht, weil dies der eingeübten Praxis der Länder entspricht und nur so der öffentlich-rechtliche Status in der Praxis auch tatsächlich von den jeweiligen Landesbehörden respektiert wird, so hat sie einen Anspruch aus Art. 4 Abs. 1, 2 GG und Art. 140 GG i.V.m. Art. 137 Abs. 5 WRV auf zügige, deklaratorische Anerkennung als Religionsgemeinschaft des öffentlichen Rechts auch in allen anderen Bundesländern.

4. Unterstellt man entgegen dem bisherigen Ergebnis der Begutachtung, dass ein Verfahren der »Zweitverleihung« notwendig ist, so muss auf Grundlage der schon erfolgten (Erst)Verleihung zumindest die Vermutung gelten, dass der Antragssteller die Voraussetzungen erfüllt. Dies folgt aus der Ausgestaltung des Verfahrens in den »Empfehlungen der Kultusministerkonferenz über die Verleihung der Körperschaftsrechte an Religionsgesellschaften und Weltanschauungsvereinigungen« vom 12. März 1954 und den Erläuterungen der für kirchliche Angelegenheiten zuständigen Länderressorts hierzu vom 12. Oktober 1962[150] Diese sehen vor, dass das »Zweitverleihungsverfahren« nur konsekutiv nach Ab-

147 Vgl. das Schreiben des Finanzamts Neuwied vom 21. Juni 2011 an den Koordinator der Ältestenschaft, der die Spendenbestätigungen für 2010 ausgestellt hatte.

148 Vgl. Beschlüsse des LG Paderborn vom 14. 2. 2008 – Az. 5 T 1/08; des LG Bielefeld vom 14. 3. 2008 – Az. 23 T 618/07; des LG Heidelberg vom 3. 11. 2008 – Az. 6 T 56/08; des LG Düsseldorf vom 18. 2. 2009 – Az. 25 T 773/08.

149 BVerfGE 102, 370 (387).

150 Oben Fn. 4.

schluss der Erstverleihung betrieben werden kann. Schon diese Verfahrensgestaltung, zu der im Übrigen auch die Beteiligung der anderen Länder im Verfahren der »Erstverleihung« gehört, legt nahe, dass die Ergebnisse des ersten Verfahrens in allen weiteren berücksichtigt werden sollen. Hinzu kommen grundrechtlich abgesicherte Aspekte der Verfahrensbeschleunigung und des effektiven Rechtsschutzes (Art. 20 Abs. 3 und 19 Abs. 4 GG i.V.m. Art. 4 Abs. 1 GG), die es gerade bei einer gebundenen Entscheidung, auf die ein verfassungsrechtlich begründeter Anspruch besteht (Art. 137 Abs. 5 Satz 2 WRV i.V.m. Art. 140 GG), ausschließen, nacheinander zweimal die gleichen Gesichtspunkte zu prüfen. Wenn die Verfahren in den verschiedenen Bundesländern wirklich unabhängig voneinander hätten stattfinden sollen (was bundesstaatlich keineswegs ausgeschlossen wäre), dann müsste für die Antragsteller die Möglichkeit bestehen, alle 16 Verfahren parallel zu betreiben. Gerade dies wird aber für die Verleihung der Körperschaftsrechte ausgeschlossen.

C. Verletzung der EMRK

Durch das Erfordernis einer »Zweitverleihung« und deren Ablehnung in den Bundesländern Baden-Württemberg, Rheinland-Pfalz und Bremen könnten Menschenrechtspositionen der Zeugen Jehovas aus Art. 9 Abs. 1 (I. und II.), Art. 14 i.V.m. Art. 9 Abs. 1 (III.), Art. 6 Abs. 1 (IV.) und Art. 13 EMRK (V). verletzt sein. Hinsichtlich der Verletzung der EMRK durch die Verfahrenslänge ist die Möglichkeit einer sofortigen Individualbeschwerde zum EGMR zu prüfen (VI.).

I. Verletzung von Art. 9 Abs. 1 EMRK durch die Notwendigkeit der Durchführung eines «Zweitverleihungsverfahrens an sich

Mit Blick auf eine mögliche Verletzung der in Art. 9 Abs. 1 EMRK garantierten Religionsfreiheit ist zunächst festzuhalten, dass diese nach der inzwischen gefestigten Rechtsprechung des Gerichtshofs neben der individuellen und kollektiven Dimension, die im Text der Vorschrift deutlich zum Ausdruck kommen (»einzeln oder gemeinsam mit anderen«), auch eine korporative Dimension beinhaltet. Der Gerichtshof berücksichtigt insoweit bei der Auslegung von Art. 9 Abs. 1 EMRK die Wirkungen der in Art. 11 Abs. 1 EMRK garantierten Vereinigungsfreiheit.[151]

Die korporative Religionsfreiheit gewährt keinen Anspruch auf einen bestimmten Status.[152] Der Gerichtshof erkennt aber als Minimalerfordernis ausdrücklich an, dass eine Gemeinschaft über Rechtspersönlichkeit verfügen muss, damit sie am Rechtsverkehr teilnehmen und gegebenenfalls um Rechtsschutz nachsuchen kann.[153] Für den Rechtsschutzaspekt stützt der Gerichtshof sich dabei ausdrücklich auch auf Art. 6 Abs. 1 EMRK.[154] Auf dieser Basis hat er in dem österreichischen Fall der Zeugen Jehovas eine Verletzung der Religionsfreiheit

151 EGMR, Urteil vom 26. Oktober 2000 (Hasan and Chaush gg. Bulgarien), Nr. 30985/96, Rn. 62 und 91; EGMR, Urteil vom 13. Dezember 2011 (Metropolitan Church of Bessarabia and others gg. Moldawien), Nr. 45701/99, Rn. 105; EGMR, Urteil vom 31. Juli 2008 (Religionsgemeinschaft der Zeugen Jehovas and others gg. Österreich), Nr. 40825/98, Rn. 60.

152 Vgl. dazu insbes. EGMR: Religionsgemeinschaft der Zeugen Jehovas (Fn. 151), Rn. 82.

153 A.a.O. (Fn. 151), Rn. 62; EGMR: Metropolitan Church of Bessarabia (Fn. 151), Rn. 105.

154 EGMR: Religionsgemeinschaft der Zeugen Jehovas (Fn. 151), Rn. 63 m.w.N.

aus Art. 9 Abs. 1 EMRK angenommen.[155] Dabei gilt es allerdings zu berücksichtigen, dass nach österreichischem Recht den Zeugen Jehovas gerade keine Rechtspersönlichkeit zukam. Die Annahme der Verletzung von Art. 9 Abs. 1 EMRK gründete maßgeblich auf diesem Umstand.[156]

Auf die Situation des Rechtsstreits über die Zweitverleihung lässt sich diese Argumentation nicht übertragen, da nach allen zu diesem Problemkomplex vertretenen Auffassungen die mit der Erstverleihung verbundene Zuerkennung von (öffentlich-rechtlicher) Rechtspersönlichkeit in allen Bundesländern wirkt.[157] Hieran könnte man allenfalls unter dem Gesichtspunkt Zweifel anmelden, dass aus der fehlenden oder abgelehnten »Zweitverleihung« in der Rechtspraxis offensichtlich immer wieder Schwierigkeiten resultieren, die darauf beruhen, dass manche Behörden (z.B. Grundbuchämter) in Verkennung der Rechtslage von einer fehlenden Rechtspersönlichkeit ausgehen.[158] Bei genauer Betrachtung ist dies aber kein Problem des »Zweitverleihungsverfahrens« an sich, sondern es handelt sich um ein Problem der fehlerhaften Rechtsanwendung durch die betreffenden Behörden, was im Wege des Rechtsschutzes gegen diese Entscheidungen korrigiert werden muss und bisher auch in allen Fällen korrigiert worden ist. Zuzugeben ist freilich, dass hierin eine nicht unerhebliche praktische Erschwerung der Teilnahme am Rechtsverkehr liegt, die sofort beseitigt wäre, wenn den Zeugen Jehovas auch für die noch fehlenden Bundesländer der Körperschaftsstatus im Wege der »Zweitverleihung« zuerkannt würde. Da die beschriebenen praktischen Erschwernisse aber auf einer fehlerhaften Rechtsanwendung beruhen, lässt sich die Notwendigkeit der »Zweitverleihung« selbst nicht als konventionswidrig einstufen. Bei einer korrekten Anwendung der bestehenden Rechtslage durch die Behörden käme es nicht zu solchen Beeinträchtigungen.

Im Ergebnis begründet deshalb allein das Erfordernis einer »Zweitverleihung« keine Verletzung von Art. 9 Abs. 1 EMRK. Die dort enthaltene Mindestgarantie des Auftretens als Rechtsperson ist nicht beeinträchtigt, denn die öffentlich-rechtliche Rechtspersönlichkeit aufgrund der »Erstverleihung« besteht fort.

II. Verletzung von Art. 9 Abs. 1 EMRK durch die Dauer des Verfahrens

Ferner könnte die Dauer des Verfahrens problematisch sein. In dem österreichischen Verfahren hat der EGMR ausdrücklich den Gesichtspunkt der Ver-

155 EGMR: Religionsgemeinschaft der Zeugen Jehovas (Fn. 151), Rn. 60-80.

156 EGMR: Religionsgemeinschaft der Zeugen Jehovas (Fn 151), Rn. 78 und 79.

157 Siehe oben A.I.3.

158 Vgl. dazu den Hinweis in der Verfassungsbeschwerdeschrift (S. 65 f. mit Anlage 33).

fahrensdauer thematisiert und entschieden, dass »there is an obligation on all of the State's authorities to keep the time during which an applicant waits for conferment of legal personality for the purposes of Article 9 of the Convention reasonably short.«[159] Allerdings macht das Zitat deutlich, dass es um die Zeit bis zur Verleihung der Rechtspersönlichkeit geht. Dies stand während des gesamten Verfahrens (und damit auch schon vor der Erstverleihung) nicht in Frage, da die Zeugen Jehovas nach dem zivilrechtlichen Vereinsrecht auch schon während der Dauer des Erstverleihungsverfahrens Rechtspersönlichkeit besaßen.[160]

III. Verletzung von Art. 14 i.V.m. Art. 9 Abs. 1 EMRK durch die konkrete Ablehnung einer Verleihung in Baden-Württemberg, Rheinland-Pfalz und Bremen

Der Gerichtshof hat im österreichischen Fall der Zeugen Jehovas grundsätzliche Ausführungen zur Überprüfung von Entscheidungen über die Zuerkennung eines bestimmten Status an Religionsgemeinschaften gemacht. Diese laufen im Ergebnis darauf hinaus, dass bei der Schaffung unterschiedlich günstiger Status in der mitgliedstaatlichen Rechtsordnung für alle Religionsgemeinschaften ein fairer und diskriminierungsfreier Zugang zu dem jeweils günstigeren Status gewährleistet werden muss. Im Folgenden werden diese Maßstäbe zunächst allgemein für das Organisationsrecht entwickelt (1.). Anschließend erfolgt eine Subsumtion der Verfahren in den drei Bundesländern Rheinland-Pfalz, Baden-Württemberg und Bremen (2.).

1. Maßstäbe für die Gleichbehandlung von Religionsgemeinschaften im Organisationsrecht

Im österreichischen Fall bestanden an der Eröffnung des Anwendungsbereichs keine Zweifel, da der Gerichtshof bereits eine Verletzung von Art. 9 EMRK festgestellt hatte. Für den vorliegenden Fall des »Zweitverleihungsverfahrens« in Deutschland wurde die Eröffnung des Anwendungsbereichs zwar gerade abgelehnt.[161] Auf die Anwendbarkeit von Art. 14 EMRK wirkt sich das aber nicht

159 EGMR: Religionsgemeinschaft der Zeugen Jehovas (Fn 151), Rn. 79.

160 Die Rechtspersönlichkeit der Zeugen Jehovas hat eine wechselvolle Geschichte, vgl. die Darstellung in VG Berlin, Urteil vom 25. Oktober 1993, NVwZ 1994, 609; am 14. Oktober 1999 wurde sie als Verein in das Vereinsregister beim AG Berlin Charlottenburg eingetragen (vgl. BVerfGE 102, 370 (373)). Die Verleihung des Status einer Körperschaft des öffentlichen Rechts erfolgte am 13. Juni 2006.

161 Siehe oben B.I. und II.

aus. Nach der ständigen Rechtsprechung des Gerichtshofs ist für die Anwendung von Art. 14 EMRK kein Eingriff in den Schutzbereich des betreffenden Freiheitsrechts erforderlich.[162] Es reicht aus, dass sich die für den Streitfall maßgeblichen Tatsachen dem Anwendungs- oder auch Regelungsbereich eines der in Art. 14 EMRK genannten Freiheitsrechte zuordnen lassen.[163] Daran kann angesichts der erheblichen praktischen Bedeutung der Organisationsfragen für die Rechtsstellung von Religionsgemeinschaften in der staatlichen Rechtsordnung kein Zweifel bestehen. Der Gerichtshof hat diese organisationsrechtliche Komponente in seiner Entscheidung Hasan und Chaush nachdrücklich betont:

> »Indeed, the autonomous existence of religious communities is indispensable for pluralism in a democratic society and is thus an issue at the very heart of the protection which Article 9 affords. It directly concerns not only the organisation of the community as such but also the effective enjoyment of the right to freedom of religion by all its active members. Were the organisational life of the community not protected by Article 9 of the Convention, all other aspects of the individual's freedom of religion would become vulnerable.[164]

In Fall der österreichischen Zeugen Jehovas hat der Gerichtshof sich weiter mit der Ausgestaltung der organisationsrechtlichen Möglichkeiten durch die staatliche Rechtsordnung beschäftigt. Er geht dabei davon aus, dass die Schaffung eines rechtlichen Rahmens mit verschiedenen Status nur dann vor dem Diskriminierungsverbot des Art. 14 EMRK gerechtfertigt werden kann, wenn alle Religionsgemeinschaften eine faire Chance auf Zugang zum günstigeren Status haben:

> »In view of these substantive privileges accorded to religious societies, the obligation under Article 9 of the Convention incumbent on the State's authorities to remain neutral in the exercise of their powers in this domain requires therefore that if a State sets up a framework for conferring legal personality on religious groups to which a specific status is linked, all religious groups which so wish must have a fair opportunity to apply for this status and the criteria established must be applied in a non-discriminatory manner.[165]

Nicht thematisiert hat der Gerichtshof die Frage, ob die Kriterien dieser Rahmenordnung für die Organisation von Religionsgemeinschaften dem Gesetzesvorbehalt genügen müssen, dem die in Art. 14 EMRK in Bezug genommenen Freiheitsrechte regelmäßig unterliegen. In der Literatur wird hierzu gerade mit Blick auf das österreichische Verfahren der Zeugen Jehovas eine entsprechende

162 *C. Grabenwarter*, Europäische Menschenrechtskonvention, 4. Aufl. München 2009, § 26 Rn. 3; *D. König/A. Peters*, Das Diskriminierungsverbot, in: R. Grote/T. Marauhn (Hrsg.), EMRK/GG-Konkordanzkommentar zum deutschen und europäischen Grundrechtsschutz, Tübingen 2006, Kap. 21 Rn. 30.

163 Der Gerichtshof spricht insoweit vom »scope« oder auch »ambit«, vgl. EGMR: Religionsgemeinschaft der Zeugen Jehovas (Fn. 151), Rn. 87 m.w.N.

164 EGMR: Hasan and Chaush (Fn. 151), Rn. 62.

165 EGMR: Religionsgemeinschaft der Zeugen Jehovas (Fn. 151), Rn. 92.

Auffassung vertreten.[166] In der bisherigen Praxis zu Art. 14 EMRK lässt sich ein entsprechendes Erfordernis freilich nicht ausmachen. Der Gerichtshof, der im Übrigen die Rechtfertigungsprüfung bei Art. 14 EMRK parallel zu derjenigen bei den in Bezug genommenen Freiheitsrechten strukturiert, verzichtet auf eine nähere Behandlung der danach eigentlich erforderlichen gesetzlichen Grundlage.[167]

Auf der Basis dieser Praxis kann nicht davon ausgegangen werden, dass eine gesetzliche Grundlage für die Kriterien des Zugangs zu einem bestimmten Status verlangt wird. Sollte dies der Fall sein, würde die deutsche Rechtslage allerdings diese Anforderung nicht erfüllen, denn die Verleihungskriterien beruhen abgesehen vom Kriterium der »Dauer« und dem Erfordernis der »Rechtstreue« weder auf Gesetz, noch resultieren sie aus der Rechtsprechung, sondern sie ergeben sich allein aus der Verwaltungspraxis.[168]

2. Anwendung dieser Maßstäbe auf die »Zweitverleihungsverfahren« der Zeugen Jehovas in Baden-Württemberg, Rheinland-Pfalz und Bremen

Während sich die Notwendigkeit gesonderter Verwaltungsverfahren in den einzelnen Bundesländern unter dem Gesichtspunkt der föderalen Gliederung der Bundesrepublik Deutschland und der autonomen Entscheidung über die Zuständigkeitsverteilung zwischen Bund und Ländern grundsätzlich rechtfertigen lässt, spricht in den konkreten drei »Zweitverleihungsverfahren« alles für das Vorliegen einer nicht zu rechtfertigenden Ungleichbehandlung. Das Erfordernis eines fairen Verleihungsverfahrens wird durch die erneute Prüfung der Rechtstreue (a), eine auch im Übrigen unfaire und diskriminierende Verfahrensgestaltung (b) und die Dauer des Verfahrens (c) verletzt.

166 *H. Weber*, Die Rechtsprechung des EGMR zur religiösen Vereinigungsfreiheit und der Körperschaftsstatus der Religionsgemeinschaften in Deutschland, NVwZ 2009, 503 (506).

167 *König/Peters* (Fn. 162), Rn. 194.

168 Vgl. zur Rechtspraxis die »Empfehlungen der Kultusministerkonferenz über die Verleihung der Körperschaftsrechte an Religionsgesellschaften und Weltanschauungsvereinigungen« vom 12. März 1954 und die Erläuterungen der für kirchliche Angelegenheiten zuständigen Länderressorts hierzu vom 12. Oktober 1962, abgedruckt bei *Weber* (Fn. 4), 377 ff.

a) Die erneute Prüfung der Rechtstreue

In allen drei Bundesländern steht im Mittelpunkt der Verfahren die jeweils gesondert vorgenommene erneute Prüfung der Rechtstreue. Es ist nicht nachvollziehbar, inwiefern ein und dieselbe Vereinigung (insoweit sei nochmals in Erinnerung gerufen, dass es sich bei den Zeugen Jehovas um eine einzige bundesweit tätige Körperschaft öffentlichen Rechts handelt[169]) nach denselben bundesweit geltenden Kriterien in einem Bundesland (Berlin) als rechtstreu einzuschätzen ist, in anderen Bundesländern (Baden-Württemberg, Rheinland-Pfalz, Bremen) dagegen nicht. Eine erneute Prüfung der Rechtstreue im Verfahren der »Zweitverleihung« kann bei einer bundesweit nur einmal bestehenden Vereinigung nur dann in Betracht kommen, wenn Anhaltspunkte vorliegen, die auch die für die Erstverleihung zuständige Behörde zu einer erneuten Prüfung veranlassen würden. Ohne solche Anhaltspunkte liegt ein logischer Widerspruch vor, denn unter der Annahme gleicher Prüfkriterien kann eine Vereinigung nicht gleichzeitig rechtstreu und rechtswidrig sein. Deshalb liegt in der erneuten Prüfung der Rechtstreue ohne neue tatsächliche Anhaltspunkte, die sie in Frage stellen, eine nicht zu rechtfertigende Ungleichbehandlung gegenüber allen anderen Vereinigungen, bei denen eine solche Prüfung nicht erfolgt.

b) Unfaire und diskriminierende Verfahrensgestaltung durch Politisierung des Verfahrens

Für eine unfaire und diskriminierende Verfahrensgestaltung zu Lasten der Zeugen Jehovas spricht insbesondere die Politisierung des Verleihungsverfahrens in Rheinland-Pfalz, Baden-Württemberg und Bremen. Es zeigt sich nämlich, dass der Antrag der Zeugen Jehovas nicht in einem unparteilichen Verfahren zur Prüfung eines verfassungsrechtlichen Verleihungsanspruchs betrieben wurde, sondern dass die Ablehnung der Anträge aus politischen Gründen erfolgte. Für Rheinland-Pfalz (aa) und Baden-Württemberg (bb) kann man dies den verwaltungsinternen Unterlagen entnehmen. Für Bremen ergibt sich Vergleichbares aus der Begründung der Gesetzesvorlage und ihrer Behandlung im Senat (cc).

169 Siehe oben unter A.

aa) Rheinland-Pfalz

Aus den Behördenakten des Landes Rheinland-Pfalz ergibt sich das klare Bild, dass die mit den Fragen befassten Beamten in den zuständigen Referaten mit großer Eindeutigkeit die Verleihungsvoraussetzungen bejaht und auf eine entsprechende Entscheidung gedrungen haben. So heißt es in einem Prüfbericht des Ministeriums für Bildung, Wissenschaft, Jugend und Kultur vom 15. Juli 2008:

> »Da in den meisten Ländern bei der Umfrage im Jahre 2007 keine Erkenntnisse (im Sinne mangelnder Rechtstreue von Jehovas Zeugen) zutage getreten sind, sehen die für die kirchlichen Angelegenheiten zuständigen Referentinnen und Referenten der Länder keine Handhabe für die Ablehnung des Antrags, zumal nach Artikel 140 GG i.V.m. Artikel 137 Abs. 5 Satz 2 WRV und gemäß Artikel 43 Abs. 2 Satz 1 Halbsatz 2 LV RP bei Vorliegen der tatbestandsmäßigen Voraussetzungen ein Rechtsanspruch der Antrag stellenden Religionsgemeinschaft auf Verleihung der Rechte einer Körperschaft des öffentlichen Recht – ohne Ermessensentscheidung des Staates – besteht.«[170]

Mit gleicher Deutlichkeit heißt es am Ende des Dokuments:

> »Entscheidungsvorschlag
>
> Die für die kirchlichen Angelegenheiten zuständigen Referentinnen und Referenten der Länder sind bei ihrer abschließenden Beratung am 5./6. Juni 2008 – unter Würdigung der insgesamt gegebenen Sach- und Rechtslage – übereinstimmend zu dem Ergebnis gekommen, dass die Religionsgemeinschaft Jehovas Zeugen in Deutschland einen Rechtsstreit um die (Zweit-)Verleihung der Körperschaftsrechte in den einzelnen Ländern mit an Sicherheit grenzender Wahrscheinlichkeit gewinnen würde. Vor diesem Hintergrund schlagen sie vor, die in den Ländern beantragte (Zweit-)Verleihung der Rechte einer Körperschaft des öffentlichen Rechts vorzunehmen.«[171]

Ungeachtet dieser sehr klaren Aussagen der Arbeitsebene hat sich der Ministerrat nicht zu einer positiven Entscheidung über den Antrag auf »Zweitverleihung« durchringen können und stattdessen neue Prüfaufträge erteilt, zu denen es in einem Ergebnisprotokoll über eine Besprechung zwischen Justizministerium, Finanzministerium und Ministerium für Bildung, Wissenschaft und Kultur heißt: »Weiterer Klärungsbedarf der Sach- und Rechtslage ist auf Arbeitsebene nicht erkennbar.«[172] Erst die Drohung der Zeugen Jehovas mit der Untätigkeitsklage führte im Sommer 2010 überhaupt zu einer Entscheidung über den Antrag. Die internen Verwaltungsunterlagen belegen, dass entgegen den klaren Voten der Arbeitsebene eine Entscheidung zunächst auf politischer Ebene erheblich verzögert und anschließend ablehnend erfolgte, obwohl es sich verfassungsrechtlich unzweifelhaft um eine gebundene Entscheidung handelt und die Arbeitsebene die Voraussetzungen des Anspruchs klar bejaht hatte. Insoweit ist auf die Ent-

170 Blatt 363 ff. der Akte (Blatt 375).
171 Ibid. Blatt 378.
172 Blatt 391 ff. der Akte (Blatt 393).

scheidung des Europäischen Gerichtshofs für Menschenrechte im Verfahren Manoussakis gegen Griechenland zu verweisen, in dem der Gerichtshof Griechenland wegen eines Verstoßes gegen Art. 9 EMRK verurteilt hatte, weil die griechischen Behörden die Entscheidung über einen Antrag von Zeugen Jehovas in Griechenland über die damals dort erforderliche Genehmigung für den Betrieb von Kultstätten immer wieder verzögert hatten.[173]

Eine zusätzliche Parallele des rheinland-pfälzischen Verfahrens zu dem griechischen Fall Manoussakis liegt darin, dass auch in Rheinland-Pfalz andere Religionsgemeinschaften in das staatliche Genehmigungsverfahren einbezogen worden waren. Die Ministerin hat mit Schreiben vom 12. Juni 2009 das Katholische Büro in Mainz, die Vertretung der Evangelischen Kirchen und Diakonischen Werke in Rheinland-Pfalz sowie Landesverband der Jüdischen Gemeinden in Rheinland-Pfalz zu einer Stellungnahme hinsichtlich der Verleihungswürdigkeit der Zeugen Jehovas aufgefordert.[174] Auch hier ließ sich die politische Ebene nicht von dem zuständigen Referenten davon abbringen, überhaupt eine derartige Anhörung anderer Religionsgemeinschaften in einem rechtlich gebundenen Verleihungsverfahren durchzuführen und diese Anhörung auf die katholische und die evangelische Kirche sowie den jüdischen Landesverband (bei einer Anzahl von circa 40 Religionsgemeinschaften mit Körperschaftsstatus im Land) zu beschränken.[175] Im Verfahren Manoussakis hatten die damals noch bestehende Europäische Kommission für Menschenrechte und der Gerichtshof gerade in der Beteiligung von Repräsentanten der Mehrheitsreligion an dem Genehmigungsverfahren ein Problem der Religionsfreiheit gesehen. Ausschlaggebend für die Verurteilung war dabei unter anderem die klare Tendenz bei behördlichen und kirchlichen Autoritäten, das Genehmigungserfordernis zu benutzen, um nichtorthodoxe religiöse Aktivitäten zu beschränken.[176]

173 EGMR, Urteil vom 26. September 1996 (Manoussakis), Nr. 18748/91, Rn. 51.

174 Blatt 462 f. der Akten.

175 Hierzu heißt es in einer Email des zuständigen Referenten an den Abteilungsleiter im Ministerium für Bildung, Wissenschaft und Kultur: »In Rheinland-Pfalz gibt es z.Zt. zirka 40 Religionsgemeinschaften, die den Körperschaftsstatus besitzen. Aus Gründen der Gleichbehandlung und aus verfassungsrechtlicher Neutralitätspflicht des Staates sollten m.E. deshalb allen diesen Religionsgemeinschaften die Möglichkeit zur Stellungnahme eingeräumt und nicht auf die beiden großen Kirchen und den Jüdischen Landesverband begrenzt werden.« Email vom 27. Mai 2009, Blatt 450 der Akten.

176 Die Kommission kritisierte, dass für die Genehmigung der Nutzung eines Gebäudes zu Gottesdienstzwecken auch eine befürwortende Stellungnahme der griechisch-orthodoxen Kirche notwendig war, EKMR, Bericht vom 25. Mai 1995 (Manoussakis), Nr. 18748/91, Rn. 47. In der Folge hat der EGMR die strafrechtliche Verurteilung für die Feier von Gottesdiensten ohne eine derartige Genehmigung als Verstoß gegen Art. 9 EMRK gewertet, EGMR (Fn. 173) Rn. 41 ff.

Aus alledem folgt, dass im Verfahren in Rheinland-Pfalz eine sachlich nicht gerechtfertigte Behinderung beim Zugang zum Körperschaftsstatus erfolgte. Nach den Maßstäben aus den Verfahren Zeugen Jehovas gegen Österreich und Manoussakis gegen Griechenland begründet dies eine Verletzung der Rechte der Religionsgemeinschaft Jehovas Zeugen in Deutschland aus Art. 14 i.V.m. Art. 9 Abs. 1 EMRK.

bb) Baden-Württemberg

In Baden-Württemberg stellt sich der Ablauf der verwaltungsinternen Vorgänge etwas komplizierter dar, weil – jedenfalls in einer späteren Phase des Verfahrens – das Justizministerium und das Kultusministerium die Rechtslage unterschiedlich eingeschätzt haben. Das Kultusministerium stand während der gesamten Dauer des Verfahrens auf dem Standpunkt, der in der gemeinsamen Stellungnahme der für die kirchlichen Angelegenheiten zuständigen Referentinnen und Referenten der Länder zum Ausdruck kommt. Es ging durchgängig davon aus, dass die Verleihungsvoraussetzungen vorliegen. Besonders deutlich kommt dies in Aktenvermerken zum Ausdruck, die im September 2010 verfasst wurden. Hier wird die Rechtsauffassung des Justizministeriums kritisiert und im Ergebnis festgestellt:

> »Der Bereich RA hält in Ansehung der Stellungnahme des Justizministeriums an seiner Rechtsauffassung fest, dass der Religionsgemeinschaft Jehovas Zeugen in Deutschland die Körperschaftsrechte für das Gebiet des Landes Baden-Württemberg verliehen werden müssen (Rechtsanspruch, kein Ermessen).«[177]

In einem Vermerk vom 16. September 2010 wird diese Rechtsauffassung noch einmal bekräftigt. Darin heißt es:

> »Der Antrag der Religionsgemeinschaft Jehovas Zeugen in Deutschland ist – in der üblichen Abstimmungspraxis unter den Kirchenreferentinnen und -referenten der Länder – in einem sorgfältigen Prüfungsverfahren bewertet worden ([...]). Die Prüfung hat keine Anhaltspunkte für eine mangelnde Rechtstreue der Religionsgemeinschaft ergeben. Da alle anderen erforderlichen Kriterien für eine Verleihung der Körperschaftsrechte ebenfalls erfüllt sind, sind aus hiesiger Sicht die Körperschaftsrechte zu verleihen. Daran ändert auch die Stellungnahme des Justizministeriums nichts. Der tatsächliche und rechtliche Ansatz dieser Stellungnahme werden vom Kultusministerium nicht geteilt [(...)].«[178]

Im Justizministerium wandelte sich die Haltung im Laufe der Zeit grundsätzlich. Hier hatte die Arbeitsebene zunächst aus den in der gemeinsamen Position der mit für die kirchlichen Angelegenheiten zuständigen Referentinnen und Referen-

177 Aktenvermerk vom 6. September 2010 (RA-7161-29/93, S. 10).
178 Aktenvermerk vom 15./16. September 2010 (RA-7161-29/93, S. 2).

ten der Länder genannten Gründen einer »Zweitverleihung« zustimmen wollen. Es heißt in einer Stellungnahme des Justizministeriums vom 12. Mai 2009 hierzu:

> »Die in dem Entwurf der Kabinettsvorlage des Kultusministeriums kurz wiedergegebene Sachlage und die Begründung für die (Zweit-)Verleihung der Körperschaftsrechte an die Zeugen Jehovas auch in Baden-Württemberg ist im Hinblick auf die genannte Rechtsprechung [gemeint ist die Rechtsprechung des Bundesverfassungsgerichts und des OVG Berlin im Verfahren der Erstverleihung in Berlin, *die Verf.*] nachvollziehbar und schlüssig begründet. Sie beruht letztlich auf einer vorrangig fachlichen Bewertung insbesondere der Rechtstreue der Zeugen Jehovas aufgrund deren Auftretens. Es sind uns keine konkreten Umstände bekannt, die eine abweichende Beurteilung erfordern würden. Auf die Mitzeichnungsbitte des Kultusministeriums haben wir deshalb mitgeteilt, dass aus unserem Geschäftsbereich keine rechtlichen Bedenken gegen die vorgesehene Zweitverleihung bestehen. «[179]

Nachdem der Ministerrat den entsprechenden Beschluss nicht gefasst hatte, kam es am 6. November 2009 zu einer weiteren Stellungnahme des Justizministeriums, in der die betreffende Haltung der Arbeitsebene noch einmal bekräftigt wird, zugleich aber auch eine gegenteilige Auffassung der politischen Ebene deutlich wird. In dieser Stellungnahme heißt es:

> »Da somit keine neuen tatsächlichen Umstände bekannt geworden sind, bestand keine neue Grundlage für eine weitere rechtliche Prüfung durch das Justizministerium. Dies ist dem KM in zumindest einem Telefonat zwischen Herrn Ministerialdirektor sowie Herrn Ministerialdirektor X. vom KM auch mitgeteilt worden. Bei einer aufgrund eines Schreibens des CDU-Fraktionsvorsitzenden an Herrn Minister erfolgten Rücksprache bei Herrn Minister, an der Herr MD und Herr AL II teilgenommen haben, ***hat Herr Minister am 12. Oktober 2009 die Auffassung vertreten, dass trotz der bekannten Risiken den Zeugen Jehovas der Status einer Körperschaft nicht ohne weiteres gewährt werden solle.***«[180]

Abschließend heißt es in dem Papier:

> »Auf der Grundlage der bisher vom Justizministerium vertretenen Auffassung wird folgende mündliche Stellungnahme vorgeschlagen:
>
> Nachdem das Landesamt für Verfassungsschutz sowie das Innenministerium keine neuen konkreten Umstände zur Frage der Rechtstreue der Zeugen Jehovas ermitteln konnte, besteht für das Innenministerium keine Grundlage für eine erneute Überprüfung. Wir haben gegen die vom Kultusministerium für die Ministerratssitzung am 12. Mai 2009 vorgelegte Kabinettsvorlage, die sich für eine Anerkennung der Zeugen Jehovas als Körperschaft des öffentlichen Rechts im Wege der Zweitverleihung auch für Baden-Württemberg ausgesprochen hat, keine Einwendungen erhoben.

179 Stellungnahme des Justizministeriums vom 7. Mai 2009 für die Sitzung des Ministerrats am 12. Mai 2009 (Blatt 94 ff. der Akte (Blatt 97).

180 Stellungnahme des Justizministeriums vom 6. November 2009 für die Sitzung des Ministerrats am 10. November 2009 (Blatt 128 ff. der Akte (Blatt 129; *Hervorhebung durch die Verf.*).

Die Verleihung der Körperschaftsrechte an eine Religionsgemeinschaft richtet sich nach Artikel 5 der Landesverfassung in Verbindung mit Artikel 140 GG und Artikel 137 Abs. 5 Satz 2 der Weimarer Reichsverfassung. Danach sind – also ohne Ermessensspielraum – Körperschaftsrechte zu gewähren, wenn die beantragende Religionsgemeinschaft durch ihre Verfassung und die Zahl ihrer Mitglieder die Gewähr der Dauer bietet.

[...]

Unter Berücksichtigung dieser Entscheidung [hier wird Bezug genommen auf die Entscheidung des Bundesverfassungsgerichts im Verfahren der Erstverleihung, *die Verf.*], sowie der nachfolgenden Entscheidungen des Oberverwaltungsgerichts Berlin und des Bundesverwaltungsgerichts dürften nach den uns bekannten konkreten Umständen wohl keine durchgreifenden verfassungsrechtlichen Bedenken gegen eine Anerkennung bestehen. Die Voraussetzungen für die Erteilung der entsprechenden Körperschaftsrechte sind nach den umfangreichen Ermittlungen des Kultusministeriums und der entsprechenden Ministerien in den anderen Bundesländern offenbar erfüllt. In Berlin und der Mehrzahl der anderen Länder ist deshalb auch bereits eine Anerkennung erfolgt.

[Falls aus politischen Erwägungen von Herrn Minister derzeit dennoch keine Anerkennung befürwortet werden soll:]

Dennoch verbleibt ein ~~gewisses~~ [das Wort ist im Original handschriftlich gestrichen, *die Verf.*] Unbehagen bei einer Anerkennung und stehen Zweifel an der Rechtstreue im Raum. Da letztlich eine Prognoseentscheidung über die Rechtstreue zu treffen ist und hierbei der Ausgang etwaiger gerichtlicher Verfahren kaum eindeutig vorausgesagt werden kann, könnte es dennoch vertretbar, wenn auch mit einem erheblichen prozessualen Risiko verbunden sein, die Anerkennung derzeit nicht auszusprechen und abzuwarten, ob die Zeugen Jehovas den Rechtsweg beschreiten werden.«[181]

Schließlich heißt es in einem handschriftlichen Vermerk vom 13. Oktober 2010:

»Herr Minister ist in Kenntnis der Risiken der Auffassung, dass den Z.J. der Status einer Körperschaft nicht ohne weiteres gewährt werden soll. «[182]

Die weiteren Unterlagen zeigen, dass das Justizministerium die Prüfung der Rechtstreue gegen den Willen des Kultusministeriums an sich gezogen hat.[183] Die Akten zeigen in der Folge, dass die Prüfung ersichtlich mit dem Ziel geführt wurde, die Rechtstreue in Zweifel zu ziehen. Die Arbeitsebene votiert dafür, keine umfassende Prüfung vorzunehmen, »zumal es zumindest sehr fraglich ist, ob letztlich tatsächlich neue, notfalls auch ‚gerichtsfeste' Informationen geliefert werden.«[184]

Das abschließende Ergebnis der verfassungsrechtlichen Prüfung wird auf Arbeitsebene sehr vorsichtig formuliert. In dem dazu verfassten Vermerk vom 24. August 2010 heißt es:

181 Ibid. Blatt 132 f. (Hervorhebungen im Original).
182 Blatt 139 der Akte.
183 Vermerk vom 10. Mai 2010, Blatt 268 ff. der Akte (269).
184 Ibid. Blatt 270.

»Aufgrund unserer verfassungsrechtlichen Prüfung ***kann zumindest vertretbar davon ausgegangen werden***, dass durch die Religionsgemeinschaft Jehovas Zeugen eine Beeinträchtigung oder Gefährdung grundrechtlich geschützter Positionen Dritter erfolgt. Dies ***kann es rechtfertigen***, im Rahmen der Gesamtbewertung entgegen der Auffassung des OVG Berlin das Erfordernis der Rechtstreue zu verneinen, wobei angesichts der Komplexität dieser Frage in einem etwaigen verwaltungsgerichtlichen Verfahren ***durchaus ein gewisses Prozessrisiko besteht***.

[...]

Hilfsweise ***kann man die Auffassung vertreten***, dass der Antrag auf Verleihung der besonderen öffentlich-rechtlichen Körperschaftsrechte auch dann abzulehnen ist, wenn die Gewähr der Rechtstreue trotz aller zumutbaren Aufklärungsversuche unklar bleibt.«[185]

Das Zitat zeigt zum einen in den Formulierungen »kann es rechtfertigen« und »kann zumindest vertretbar davon ausgegangen werden« eine deutliche Distanzierung der Arbeitsebene vom Ergebnis. Die Verfasser haben erkennbar Zweifel daran, dass die vom Justizministerium verfolgte Linie Bestand haben kann. Höchst problematisch ist zudem die hilfsweise angestellte Überlegung, die fehlende Erweislichkeit mangelnder Rechtstreue zulasten der Antragstellerin gehen zu lassen. Es handelt sich zwar nicht um eine strafrechtliche Prüfung, bei der eine solche Annahme offensichtlich einen Verstoß gegen die Unschuldsvermutung begründen würde. Gleichwohl kann es nicht angehen, den verfassungsrechtlich gewährleisteten Verleihungsanspruch dadurch einzuschränken, dass die Antragstellerin selbst ihre Rechtstreue beweisen muss. Diesem Ansatz steht schon die Rechtsprechung des Bundesverfassungsgerichts im Verfahren der Erstverleihung entgegen, nach der selbst nachgewiesene kleinere Rechtsverstöße unschädlich sind.[186]

cc) Bremen

Für das Verfahren in Bremen lässt sich eine ähnliche Entwicklung wie in Baden-Württemberg feststellen. Hier hat der Senat am 9. Juni 2009 einen Gesetzentwurf über die »Verleihung der Rechte einer Körperschaft des öffentlichen Rechts an Jehovas Zeugen in Deutschland« eingebracht.[187] Die Begründung dieses Entwurfes geht auf der Basis der Entscheidung des OVG Berlin im Verfahren der Erstverleihung ohne weiteres davon aus, dass die Verleihungsvoraussetzungen gege-

185 Vermerk vom 24. August 2010, Blatt 1080 ff. der Akte (Blatt 1082 und 1084), *Hervorhebungen durch die Verf.*.

186 BVerfGE 102, 370.

187 LT-Drs. 17/819 vom 9. Juni 2009.

ben sind und insbesondere keine Einwände gegen die Rechtstreue der Religionsgemeinschaft bestehen.[188]

Im weiteren parlamentarischen Verfahren kam es dann aber zu Einwänden aus dem politischen Raum, die zunächst zu Verzögerungen in der Behandlung und schließlich zu einer Anhörung in der 37. Sitzung des Rechtsausschusses am 16. Februar 2011 geführt haben.[189] Die Auswahl der angehörten Personen und die Ausgestaltung des Verfahrens deuten hier auf eine einseitige Zielrichtung der Untersuchung. Angehört wurden neben Vertretern und Vertreterinnen der Landesverwaltung und des Senats von Bremen, sowie der Fraktionen in der Bürgerschaft die beiden zuständigen Beamten des Justizministeriums von Baden-Württemberg, welche die bereits erwähnte dortige Position formuliert hatten, sowie Vertreter verschiedener Aussteigervereinigungen, die Sektenbeauftragten der Evangelischen Landeskirche in Bremen und Ärzte aus Bremer Krankenhäusern.[190] Für die Zeugen Jehovas hatte der Justitiar die Möglichkeit einer Stellungnahme von lediglich fünf Minuten. Dies entspricht zwar der Redezeit der übrigen angehörten Personen, missachtet aber völlig den Umstand, dass es sich bei ihm um den einzigen Vertreter der antragstellenden Religionsgemeinschaft handelt, der auf die verschiedenen erhobenen Vorwürfe hätte reagieren können müssen. In fünf Minuten ist dies bei einer Gesamtdauer der Anhörung von etwa viereinhalb Stunden offensichtlich unmöglich. Dieses Missverständnis in der Rolle des Verfahrens wird in der Stellungnahme der Vorsitzenden besonders deutlich. Als sich der Justitiar der Zeugen Jehovas aus sehr nachvollziehbaren Gründen über die Ausgestaltung des Verfahrens beschwert hatte, wies sie darauf hin, dass von jedem »ein neutrales Statement« erwartet worden sei und von Anfang an klar gewesen sei, dass im Rahmen der Anhörung von allen Referenten eine Beschränkung auf fünf Minuten Redezeit erwartet werde.[191] Dass die Antragstellerin sich in einem Verfahren auf Verleihung des Körperschaftsstatus schon verfahrensrechtlich in einer ganz anderen Situation befindet als alle anderen Beteiligten, war der Vorsitzenden ersichtlich nicht bewusst. Schon deswegen kann die durchgeführte »Anhörung« ein ordentliches Verwaltungsverfahren mit den entsprechenden Beteiligungsrechten der Antragstellerin nicht ersetzen.

Hinzu kommt, dass man sich ausschließlich auf das baden-württembergische Justizministerium konzentrierte, welches unter den beteiligten Ressorts aller Bundesländer das einzige war, das – wenn auch sehr zurückhaltend – Zweifel an

188 Ibid., S. 2.

189 Bremische Bürgerschaft, Ausschussprotokolle, 17. Wahlperiode, A/RA, 37. Sitzung vom 16. Februar 2011.

190 Bremische Bürgerschaft, Ausschussprotokolle, 17. Wahlperiode, A/RA, 37. Sitzung vom 16. Februar 2011, Anwesenheitsliste.

191 Ibid., S. 801 f.

der Rechtstreue der Zeugen Jehovas geäußert hatte. Aus keinem Bundesland, das der Berliner Erstverleihung folgend die Rechtstreue bejaht hatte, wurde ein Vertreter angehört. Auch wurden keine unabhängigen Religionswissenschaftler angehört oder sonstige neutrale Experten befragt, sondern nur die Sektenbeauftragten der christlichen Kirchen einbezogen.[192] Dies zeigt, dass das Verfahren nicht dazu dienen sollte, die Rechtstreue der Zeugen Jehovas unabhängig zu überprüfen, sondern Indizien für ihr Fehlen sammeln sollte. Ein solches Verfahren genügt nicht dem im Verfahren der österreichischen Zeugen Jehovas vom Gerichtshof formulierten Standard dass, »all religious groups which so wish must have a fair opportunity to apply for this status and the criteria established must be applied in a non-discriminatory manner.«[193]

Die Handhabung des Verfahrens durch die Bremische Bürgerschaft weckt prinzipielle Zweifel daran, ob es sinnvoll ist, das Parlament im Gesetzgebungsverfahren über individuelle verfassungsrechtliche Ansprüche entscheiden zu lassen. Parlamente sind es nicht gewöhnt, Verwaltungsverfahren mit entsprechenden Beteiligungsrechten von Antragstellern durchzuführen, und die Abgeordneten fühlen sich offensichtlich auch dann dem Grundsatz des freien Mandats verpflichtet, wenn es um verfassungsrechtlich gebundene Entscheidungen geht. Es ist insoweit nicht ohne Interesse, dass die Fraktion der FDP in der Bremischen Bürgerschaft im Zusammenhang mit dem Verleihungsverfahren der Zeugen Jehovas einen Antrag auf Änderung der Landesverfassung einbrachte, mit dem die Verleihung der Körperschaftsrechte in ein normales Verwaltungsverfahren überführt werden sollte.[194] Der Antrag wurde allerdings zusammen mit dem Gesetzentwurf über die Verleihung der Körperschaftsrechte an die Zeugen Jehovas abgelehnt.[195] Die Erfahrungen der vorliegenden Verfahren bestätigen, dass verfassungspolitisch alles dafür spricht, derartige Entscheidungen Behörden und nicht Parlamenten zu übertragen.

c) Dauer des Verfahrens

Schließlich sind für eine Frage der Diskriminierung die Ausführungen des Gerichtshofs im Verfahren der österreichischen Zeugen Jehovas von Bedeutung. Der Gerichtshof hat hier ausdrücklich zu den Kriterien für einen fairen Zugang

192 Siehe nochmals den Nachweis in Fn. 190; sowie die Hinweise bei der Erörterung zum Verfahren in Rheinland-Pfalz auf die insoweit kritische Haltung der Konventionsorgane (oben Fn. 176 und zugehöriger Text).

193 Vgl. nochmals den Nachweis in Fn. 165.

194 Bremische Bürgerschaft Drs. 17/913 vom 1. September 2009.

195 Siehe den Nachweis oben Fn. 189.

zu einem günstigeren Status auch die Dauer des Verfahrens gerechnet. Es heißt in der Entscheidung wörtlich:

»97. The Court finds that the imposition of a waiting period before a religious association that has been granted legal personality can obtain a more consolidated status as a public-law body raises delicate questions, as the State has a duty to remain neutral and impartial in exercising its regulatory power in the sphere of religious freedom and in its relations with different religions, denominations and beliefs (see Metropolitan Church of Bessarabia and Others, cited above, § 116). Such a waiting period therefore calls for particular scrutiny on the part of the Court.

98. The Court could accept that such a period might be necessary in exceptional circumstances such as would be in the case of newly established and unknown religious groups. But it hardly appears justified in respect of religious groups with a long-standing existence internationally which are also long established in the country and therefore familiar to the competent authorities, as is the case with the Jehovah's Witnesses. In respect of such a religious group, the authorities should be able to verify whether it fulfils the requirements of the relevant legislation within a considerably shorter period."[196]

Im österreichischen Verfahren hat der Gerichtshof mit dieser Begründung die vom österreichischen Recht vorgesehene zehnjährige Warteperiode als zu lang angesehen.[197] Das von den Zeugen Jehovas in Deutschland verfolgte Antragsziel ist der vollumfängliche Genuss der Körperschaftsrechte in allen Bundesländern, worauf nach Art. 137 Abs. 5 Satz 2 WRV i.V.m. Art. 140 GG ein verfassungsrechtlicher Anspruch besteht, wenn die Voraussetzungen erfüllt sind.

Dabei ist zu erwägen, ob die Dauer des Erstverleihungsverfahrens in die Berechnung einzubeziehen ist. Dafür spricht, dass die Zeugen Jehovas nach der Verwaltungspraxis in den Bundesländern erst dann bundesweit in den vollen Genuss der Rechte einer Körperschaft des öffentlichen Rechts kommen, wenn die Rechte in allen Bundesländern gesondert verliehen worden sind. Diese Situation ist sicherlich unbefriedigend und sie führt – wie die vorliegenden Verfahren eindrucksvoll belegen – zu Verwaltungs- und Verwaltungsgerichtsverfahren, die insgesamt zwischen zwanzig und dreißig Jahren in Anspruch nehmen werden. Auf der anderen Seite gilt es zu berücksichtigen, dass eine Ausgestaltung, die wegen einer ausschließlichen landesrechtlichen Zuständigkeit von vornherein gesonderte Verfahren verlangen würde, nicht grundsätzlich mit der EMRK unvereinbar wäre. Hieran zeigt sich, dass die Konvention eine interne bundesstaatliche Gliederung nicht grundsätzlich ausschließt und an sie auch keine konventionsrechtlichen Nachteile knüpft.

Die Besonderheit im vorliegenden Verfahren liegt nun aber zusätzlich darin, dass nach der Absprache der zuständigen Referentinnen und Referenten in Kir-

196 EGMR: Religionsgemeinschaft der Zeugen Jehovas (Fn. 151), Rn. 97 f.
197 Ibid.

chenangelegenheiten das Erst- und die Zweitverleihungsverfahren nacheinander betrieben werden sollen. In den »Erläuterungen der für kirchliche Angelegenheiten zuständigen Länderressorts zu den Empfehlungen der Kultusministerkonferenz vom 12. März 1954 über die Verleihung der Körperschaftsrechte an Religionsgesellschaften und Weltanschauungsvereinigungen« heißt unter Ziffer 4c):

> »Ist eine Organisation der Religionsgesellschaft (Weltanschauungsvereinigung) innerhalb der Landesgrenze nicht zu erreichen, so werden die Körperschaftsrechte zunächst von dem Land verliehen, in dem die Gesellschaft ihren Sitz hat (Erstverleihung). Dabei bleibt es dem Land überlassen, rechtlich zulässige Auflagen oder Bedingungen an den Verleihungsbeschluss zu knüpfen, die geeignet sind, später womöglich auftretenden rechtlichen Verwicklungen zu begegnen. Die übrigen Länder verleihen die Körperschaftsrechte erst dann, wenn das Sitzland sie verliehen hat."[198]

Bei einer solchen Ausgestaltung des Verwaltungsverfahrens ist eine bundesweit organisierte Religionsgemeinschaft darauf verwiesen, zunächst das Erstverleihungsverfahren abzuwarten, bevor Anträge auf »Zweitverleihung« gestellt werden können. Die Zeugen Jehovas haben ihre Zweitverleihungsanträge bereits wenig mehr als einen Monat nach der Erstverleihung gestellt und damit ihrerseits alles für ein zügiges Verfahren Erforderliche getan.[199] Damit führt aber die Ausgestaltung des Verleihungsverfahrens zwangsläufig zur zeitlichen Addition der jeweiligen Verfahrensdauer, weil erst am Ende des »Zweitverleihungsverfahrens« eine vollständige Gleichstellung und Gleichberechtigung mit den anderen Religionsgemeinschaften erreicht ist, welche den Status einer Körperschaft des öffentlichen Rechts besitzen. Diese Verfahrensdauer beläuft sich bereits jetzt auf annähernd 21 Jahre, denn der Antrag auf Erstverleihung wurde am 23. Oktober 1990 gestellt.[200] Nach den vom Gerichtshof im Verfahren der österreichischen Zeugen Jehovas begründet Maßstäben verstößt dies gegen das Recht auf einen fairen und diskriminierungsfreien Zugang zum günstigeren Status.

d) Ergebnis

Im Ergebnis liegt deshalb wegen der erneuten Prüfung der Rechtstreue, der politisierten und damit unfairen und diskriminierenden Verfahrensgestaltung in allen drei Bundesländern und wegen der Dauer des Verfahrens von Erst- und Zweitverleihung ein Verstoß gegen Art. 14 i.V.m. Art. 9 Abs. 1 EMRK vor.

198 Abgedruckt bei *H. Weber* (Fn. 4), S. 378 f.

199 Datum der Erstverleihung: 13. Juni 2006; Datum der Anträge auf Zweitverleihung: 18. Juli 2006.

200 Vgl. die Sachverhaltsangabe in VG Berlin, Urteil vom 25. Oktober 1993, NVwZ 1994, 609.

Unabhängig davon kommt eine Verletzung von Art. 6 Abs. 1 Satz 1 EMRK durch die Dauer des Verfahrens in Betracht.[201] Dazu müsste eine »zivilrechtliche« Streitigkeit im Sinne der Vorschrift vorliegen. Der Gerichtshof nimmt eine konventionsautonome Interpretation dieses Merkmals vor, da die Einordnung eines Rechtsstreits als »zivilrechtlich« in den verschiedenen mitgliedstaatlichen Rechtsordnungen sehr unterschiedlich ist. Teilweise ist eine Trennung zwischen Zivilrecht und öffentlichem Recht gar nicht vorhanden.

In der Rechtsprechung des Gerichtshofs lassen sich verschiedene Fallgruppen für die Behandlung von Grenzfällen zwischen Zivilrecht und öffentlichem Recht ausmachen. Eine zentrale Rolle spielt dabei, ob die in Streit stehenden Rechte einen vermögenswerten Gegenstand oder vermögenswerte Rechtspositionen betreffen. Schon aufgrund der mit dem Körperschaftsstatus verbundenen Gebührenbefreiungen ist der zuletzt genannte Gesichtspunkt einschlägig. Dass es aus der Sicht des deutschen Rechts bei der Verleihung des Körperschaftsstatus nach der Natur der Sache um einen öffentlich-rechtlichen Vorgang zu gehen scheint, steht dieser Einschätzung nicht entgegen. Der Gerichtshof nimmt nur die dem Kernbereich des öffentlichen Rechts zuzuordnenden Rechtsstreitigkeiten aus. Zu diesen zählen etwa Versammlungsauflösungen, das Wehrrecht oder das Wahlrecht. Rechtsstreitigkeiten von Religionsgemeinschaften über den Zugang zu einem bestimmten organisationsrechtlichen Status wird man aber hierzu nicht rechnen können. Dafür spricht auch die Entscheidung im österreichischen Verfahren der Zeugen Jehovas, in dem der Gerichtshof die Anwendbarkeit von Art. 6 Abs. 1 EMRK fast selbstverständlich bejaht hat.

Seinem Wortlaut nach bezieht sich Art. 6 Abs. 1 Satz 1 EMRK auf »gerichtliche« Verfahren. Der Gerichtshof hat den erfassten Zeitraum gerade in verwaltungsrechtlichen Gestaltungen aber früher beginnen lassen. Unzweifelhaft rechnet das Widerspruchsverfahren zu den bei der Beurteilung der Angemessenheit zu berücksichtigenden Verfahrenszeiten. In verschiedenen weiteren Gestaltungen hat der Gerichtshof darüber hinaus das gesamte Verwaltungsverfahren in die Berechnung einbezogen, wenn es Voraussetzung für die Durchführung eines gerichtlichen Verfahrens ist. In dieser Rechtsprechung lassen sich bislang keine klaren Linien erkennen. Einerseits spricht gegen die Einbeziehung des Verwaltungsverfahrens, dass Art. 6 Abs. 1 Satz 1 EMRK unmissverständlich von einem

201 In EGMR: Religionsgemeinschaft der Zeugen Jehovas (Fn. 151) hat der Gerichtshof eine Verletzung von Art. 6 Abs. 1 EMRK wegen der Verfahrensdauer gesondert neben der bereits bejahten Verletzung von Art. 14 i.V.m. Art. 9 Abs. 1 EMRK geprüft und auch bejaht (Rn. 106-117).

Gericht spricht. Andererseits erscheint es gerade in verwaltungsrechtlichen Fallgestaltungen durchaus nachvollziehbar, aus Gründen des effektiven Rechtsschutzes die Dauer des Verwaltungsverfahrens einzubeziehen, da ohne die Verwaltungsentscheidung kein Rechtsschutz erlangt werden kann.

Die vorliegenden Verfahren illustrieren den Punkt, denn vom Zeitpunkt der Anträge der Zeugen Jehovas auf »Zweitverleihung« der Körperschaftsrechte (18. Juli 2006) bis zu den ablehnenden Entscheidungen in Rheinland-Pfalz, Baden-Württemberg und Bremen sind fast fünf Jahre vergangen. Hinzu kommt, dass nach der hier vertretenen verfassungsrechtlichen Begutachtung im Verfahren der Zweitverleihung keine erneute Prüfung der Rechtstreue zulässig war und auch nach der Auffassung der herrschenden Meinung die Entscheidung in einem Bundesland zumindest zu einer Beschleunigung der Prüfung in den anderen Ländern hätte führen müssen.[202]

Im Rahmen der Begutachtung einer Verletzung von Art. 14 i.V.m. Art. 9 Abs. 1 EMRK wurde bereits ausgeführt, dass wegen der Verpflichtung zum konsekutiven Betreiben von Erst- und Zweitverleihungsverfahren die Dauer beider Verfahren zusammenzurechnen ist.[203] Vor dem Hintergrund dieser Überlegung kommt es auf die Frage, ob in einer Verpflichtungssituation unter gewissen Umständen auch das Verwaltungsverfahren in die Berechnung der Dauer einzubeziehen ist, gar nicht entscheidend an. Der für die Dauer maßgebliche Zeitraum hat jedenfalls mit Erhebung der Klage zum Verwaltungsgericht Berlin am 26. April 1993 begonnen und er dauert in den Ländern Rheinland-Pfalz, Baden-Württemberg, Bremen und Nordrhein-Westfalen bis heute an. Insgesamt handelt es sich damit um einen Zeitraum von schon jetzt mehr als 18 Jahren.

Bei der Bewertung der Angemessenheit der Verfahrensdauer berücksichtigt der Gerichtshof immer die besondere Situation des konkreten Falles. Abstrakte Angaben sind deshalb ausgeschlossen. Maßgeblich sind im Kern vier Kriterien: die Bedeutung der Sache für den Beschwerdeführer, die Komplexität des Falles, das Verhalten des Beschwerdeführers und das Verhalten der Behörden.[204] Selbst wenn man die Komplexität der Verleihung von Körperschaftsrechten an Religionsgemeinschaften berücksichtigt und die schwierigen tatsächlichen Aspekte bei der Prüfung der Rechtstreue in Rechnung stellt, ist ein Zeitraum von 18 Jahren nicht mehr zu rechtfertigen. Die Dauer liegt weit jenseits aller vom Gerichtshof

202 Vgl. oben

203 Vgl. oben III.2.c).

204 *C. Grabenwarter/K. Pabel*, Der Grundsatz des fairen Verfahrens in: R. Grote/T. Marauhn (Hrsg.), EMRK/GG-Konkordanzkommentar zum deutschen und europäischen Grundrechtsschutz, Tübingen 2006, Kap. 14 Rn. 104.

in den vergangenen Jahren noch als akzeptabel angesehenen Grenzen.[205] Hinzu kommt, dass die Zeugen Jehovas alles ihnen mögliche zur Verfahrensbeschleunigung unternommen haben. Insbesondere haben sie die Zweitverleihungsanträge ohne jeden zeitlichen Verzug gestellt. Dagegen ist zumindest das Verfahren der Zweitverleihung in den hier betroffenen Bundesländern sehr zögerlich betrieben worden. Bei der Beurteilung muss auch berücksichtigt werden, dass sämtliche im Zweitverleihungsverfahren zu prüfenden Aspekte bereits im Rahmen der Erstverleihung untersucht wurden. Schon deshalb müsste die Dauer des Zweitverleihungsverfahrens deutlich kürzer ausfallen. Vor diesem Hintergrund ist die deutsche Verleihungspraxis grundsätzlich problematisch, weil sie einerseits vom Antragsteller verlangt, die Verfahren der Erst- und der Zweitverleihung konsekutiv zu betreiben, andererseits aber – jedenfalls nach Auffassung der hier betroffenen Bundesländer[206] – bei der Zweitverleihung noch einmal eine vollständige Prüfung stattfinden soll.

Im Ergebnis liegt damit auch eine Verletzung von Art. 6 Abs. 1 EMRK wegen der überlangen Dauer des Verfahrens vor.

V. Verletzung von Art. 13 EMRK durch die Verleihung des Körperschaftsstatus in Bremen durch Landesgesetz

Die Zeugen Jehovas könnten außerdem in ihrem Recht aus Art. 13 EMRK verletzt sein. Art. 13 EMRK gebietet, dass das nationale Recht eine wirksame Beschwerdemöglichkeit gegen jede Konventionsverletzung bereithält. Eine Beschwerdemöglichkeit ist wirksam, wenn sie in angemessener Zeit eine Entscheidung über das Anliegen herbeiführen und gegebenenfalls auch Abhilfe sicherstellen kann.[207]

Für die Verfahren in Rheinland-Pfalz und Baden-Württemberg besteht mit dem Rechtsschutz auf dem Verwaltungsrechtsweg eine wirksame Beschwerdemöglichkeit im Sinne des Art. 13 EMRK. Fraglich ist aber, ob das auch für die Verfahren in Bremen und Nordrhein-Westfalen gilt, wo die Verleihung durch Gesetz erfolgt. Die entsprechenden Regelungen in Art. 61 Satz 2 der Bremischen Landesverfassung, wonach der Körperschaftsstatus durch Gesetz zu verleihen ist, und die entsprechende ständige Praxis in Nordrhein-Westfalen könnten ver-

205 *J. Meyer-Ladewig*, Kommentar zur Europäischen Menschenrechtskonvention, Art. 6 Rn. 207 f.
206 Vgl. oben
207 *D. Richter*, Das Recht auf wirksame Beschwerde, in: R. Grote/T. Marauhn (Hrsg.), EMRK/GG-Konkordanzkommentar zum deutschen und europäischen Grundrechtsschutz, Tübingen 2006, Kap. 20 Rn. 28.

hindern, dass der Vereinigung Jehovas Zeugen in Deutschland gegen das Unterbleiben der Zweitverleihung ausreichende Rechtsschutzmöglichkeiten zur Verfügung stehen.

Voraussetzung wäre zunächst die Behauptung der Verletzung eines Konventionsrechts. Das Unterbleiben der Zweitverleihung verstößt nach dem Ergebnis der vorliegenden Begutachtung gegen Art. 9 Abs. 1 i.V.m. 14 EMRK.[208] Die Vereinigung Jehovas Zeugen in Deutschland kann daher vertretbar behaupten, durch das Unterlassen des Bremer Gesetzgebers in einem anderen Konventionsrecht verletzt zu sein.

Des Weiteren dürfte der Vereinigung zur Geltendmachung dieser Konventionsverletzung keine wirksame Beschwerdemöglichkeit zur Verfügung stehen. Eine Klagemöglichkeit vor den Verwaltungsgerichten besteht nicht, da die Verleihung des Körperschaftsstatus nach Art. 61 Satz 2 der Bremischen Landesverfassung durch Gesetz erfolgt. Der Verwaltungsrechtsweg ist gemäß § 40 Abs. 1 VwGO für verfassungsrechtliche Streitigkeiten nicht eröffnet. Ein Streit über den Anspruch auf Erlass eines formellen Gesetzes betrifft die spezifischen Rechte und Pflichten des Parlaments als Verfassungsorgan und ist daher als eine verfassungsrechtliche Streitigkeit zu qualifizieren.[209]

In Betracht kommt aber die Erhebung einer Verfassungsbeschwerde nach Art. 93 Abs. 1 Nr. 4a GG, §§ 13 Nr. 8a, 90 ff. BVerfGG. Das setzt voraus, dass ein Unterlassen des Gesetzgebers »öffentliche Gewalt« i. S. d. Art. 93 Abs. 1 Nr. 4a GG, § 90 Abs. 1 BVerfGG darstellt und dass ein Einzelner aufgrund dieses Unterlassens eine Grundrechtsverletzung machen kann.

Das Bundesverfassungsgericht hat zwar zunächst die Auffassung vertreten, dass ein Unterlassen des parlamentarischen Gesetzgebers nicht Gegenstand eines Verfassungsbeschwerdeverfahrens sein könne. Es liege in der Natur der Sache, dass der Einzelnen keinen gerichtlich verfolgbaren Anspruch auf ein Handeln des Gesetzgebers habe.[210]

Jedoch bringen die §§ 90 ff. BVerfGG, insbesondere §§ 92, 95 Abs. 1 BVerfGG klar zum Ausdruck, dass der Gesetzgeber Teil der öffentlichen Gewalt ist und dass das Handeln wie das Unterlassen der öffentlichen Gewalt gleichermaßen Beschwerdegegenstand einer Verfassungsbeschwerden sein können.[211] So-

208 S.o. III. 2. d).

209 BVerwGE 80, 355 (358); *D. Ehlers*, in: F. Schoch/E. Schmidt-Aßmann/R. Pietzner, Verwaltungsgerichtsordnung, 20. EL 2010; § 40 Rn. 145. Offen gelassen bei: *Bohl* (Fn. 47) S. 87.

210 BVerfGE 1, 97 (100).

211 BVerfGE 6, 257 (264); *H. Bethge*, in: T. Maunz/B. Schmidt-Bleibtreu/F. Klein/ders., Bundesverfassungsgerichtsgesetz, 34. EL 2011, § 90 Rn. 218; *K. Schlaich/S. Korioth*, Das Bundesverfassungsgericht, 8. Aufl. 2010, Rn. 213; *M. Möstl*, Probleme der verfas-

weit sich aus der Verfassung, insbesondere auch den Grundrechten, Handlungspflichten für den Gesetzgeber ableiten lassen und der Beschwerdeführer durch das Unterlassen individuell betroffen ist, ist auch die Beschwerdebefugnis zu bejahen.[212] Dementsprechend geht auch das Bundesverfassungsgericht mittlerweile in ständiger Rechtsprechung davon aus, dass ein Unterlassen des Gesetzgebers zumindest dann ein tauglicher Beschwerdegegenstand ist, wenn der Beschwerdeführer sich auf einen ausdrücklichen Auftrag des Grundgesetzes beruft, der Inhalt und Umfang der Gesetzgebungspflicht im Wesentlichen bestimmt.[213] Einen solchen hinreichend bestimmten Auftrag hat das Bundesverfassungsgericht u.a. in der aus Art. 33 Abs. 5 GG abgeleiteten Pflicht gesehen, eine angemessene Besoldung der Beamten sicherzustellen.[214] Ob auch eine gesetzgeberische Handlungs- und Schutzpflicht, die erst im Wege der Verfassungsinterpretation aus den in den Grundrechen verkörperten Grundentscheidungen abgeleitet werden kann, mit der Verfassungsbeschwerde geltend gemacht werden kann, hat das Bundesverfassungsgericht hingegen noch offen gelassen.[215]

Für das vorliegende Verfahren kommt es aber auf diese in der Rechtsprechung des Bundesverfassungsgerichts noch offene Frage nicht an. Art. 137 Abs. 5 Satz 2 WRV i.V.m. Art. 140 GG formuliert einen klaren verfassungsrechtlichen Anspruch auf die Verleihung des Körperschaftsstatus, wenn die in der Verfassung genannten Verleihungsvoraussetzungen vorliegen. Bei der Verleihung des Körperschaftsstatus handelt es sich nach ganz allgemeiner Auffassung um eine gebundene Entscheidung, ohne Ermessen der entscheidenden Behörde.[216] Die Religionsgemeinschaft Jehovas Zeugen in Deutschland kann sich damit auf einen im Grundgesetz ausdrücklich anerkannten Anspruch berufen. Somit kann eine klare Handlungspflicht für den Gesetzgeber aus dem Grundgesetz abgeleitet werden, von deren Verletzung die Religionsgemeinschaft Jehovas Zeugen in Deutschland auch individuell betroffen ist. Folglich kann der Anspruch aus Art. 140 GG i.V.m. Art. 137 Abs. 5 WRV auch gegenüber dem Gesetzgeber mit der Verfassungsbeschwerde geltend gemacht werden.[217]

sungsprozessualen Geltendmachung gesetzgeberischer Schutzpflichten, DÖV 1998, 1029 (1031).

212 *Bethge* (Fn. 211), Rn. 224; *Möstl* (Fn. 211), 1032.

213 BVerfGE 6, 257 (264); 8, 1 (9); 11, 255 (261 f.); 12, 139 (142), 23, 242 (249); 56, 54 (70 f.).

214 BVerfGE 8, 1 (9).

215 BVerfGE 56, 54 (70 f.).

216 BVerfGE 102, 370 (384, 389).

217 So auch: *Bohl* (Fn. 47), S. 87; vgl. im Übrigen die Ausführungen zur Zulässigkeit in der von der Religionsgemeinschaft Jehovas Zeugen in Deutschland erhobenen Verfassungsbeschwerde (siehe oben im Text nach Fn. 209).

Zweifel werden allerdings an der Wirksamkeit dieser Beschwerdemöglichkeit geäußert. Das Bundesverfassungsgericht könne nur feststellen, dass der entsprechende Anspruch der Religionsgemeinschaft bestehe, nicht aber den Gesetzgeber durch ein Leistungsurteil zum Erlass des Gesetzes verpflichten.[218] Auch der Europäische Gerichtshof für Menschenrechte geht grundsätzlich davon aus, dass die zuständige Stelle die Abhilfe verbindlich und vollziehbar anordnen können muss.[219] Ausnahmsweise kann aber selbst eine bloße Empfehlung ausreichen, wenn die zuständige Stelle hohes Ansehen genießt, so dass ihre Empfehlungen in aller Regel befolgt werden.[220]

Erkennt ein Bundesland eine Religionsgemeinschaft nicht als Körperschaft des öffentlichen Rechts an und verletzt es dadurch deren Rechte nach Art. 140 GG i.V.m. Art. 137 Abs. 5 Satz 2 WRV, so stellt das Bundesverfassungsgericht im Rahmen einer Verfassungsbeschwerde eine entsprechende Verletzung fest (§ 95 Abs. 1 Satz 1 BVerfGG).[221] Zwar kann die Vollstreckung dieser Feststellung vom Beschwerdeführer nicht erzwungen werden. Die Wirkungen der bundesverfassungsgerichtlichen Entscheidungen gehen aber dennoch weit über die einer bloßen Empfehlung hinaus. Denn nach § 31 Abs. 1 BVerfGG binden die Entscheidungen des Bundesverfassungsgerichts die Verfassungsorgane des Bundes und der Länder sowie aller Gerichte und Behörden – eine Pflicht, die sich sowohl auf den Tenor als auch auf die tragenden Entscheidungsgründe erstreckt.[222] Die bundesverfassungsgerichtliche Feststellung eines Verleihungsanspruchs würde daher auch das Landesparlament binden. In der Praxis kann im Übrigen davon ausgegangen werden, dass Feststellungsurteile gegen staatliche Stellen befolgt werden. Folglich ist die Verfassungsbeschwerde ein wirksamer Rechtsbehelf i.S.d. Art. 13 EMRK gegen gesetzgeberisches Unterlassen.

Soweit die von der Religionsgemeinschaft Jehovas Zeugen in Deutschland erhobene Verfassungsbeschwerde vom Bundesverfassungsgericht als zulässig angesehen wird, ist die Religionsgemeinschaft nicht in ihrem Recht aus Art. 13 EMRK verletzt. Sollte das Bundesverfassungsgericht die Verfassungsbeschwerde als unzulässig zurückweisen, so müsste es gleichzeitig einen Rechtsweg vor

218 Mit Bezug auf Art. 19 Abs. 4 GG: *Bohl* (Fn. 47), 86 f.; *Held* (Fn. 44), 129; *Doose* (Fn. 46), 177 f.

219 EGMR, Urteil vom 18.11.2004 (Zazanis gg. Griechenland), Nr. 68138/01, Rn. 47; Urteil vom 25.3.1983 (Silver gg. Vereinigtes Königreich), Nr. 5947/72, Rn. 115.

220 EGMR, Urteil vom 26.3.1987 (Leander gg. Schweden) Nr. 9248/81, Rn. 82; strenger aber: EGMR, Urteil vom 6.6.2006 (Segerstadt-Wiberg gg. Schweden), Nr. 62332/00, Rn. 118.

221 Vgl. BVerfGE 102, 370.

222 BVerfGE 1, 14 (37), st.Rspr.; vgl. *A. Heusch* in: D. Umbach/T. Clemens/F.W. Dollinger, Bundesverfassungsgerichtsgesetz, 2. Aufl. 2005, § 31, Rn. 58 m.w.N.

den Fachgerichten aufzeigen, der zu einem angemessenen Rechtsschutz i.S.d. Art. 13 EMRK führt. In seiner Entscheidung zu den Hamburgischen Bebauungsplänen, die zum damaligen Zeitpunkt teilweise durch Gesetz und teilweise durch Verordnung erlassen wurden, hat das Bundesverfassungsgericht auch für den Rechtsschutz gegen als Gesetz erlassene Bebauungspläne den Verwaltungsrechtsweg für zulässig gehalten. Maßgeblich hierfür waren allerdings zwei Besonderheiten: Zum einen handelt es sich beim Rechtsschutz gegen Bebauungspläne in erster Linie um die Auslegung und Anwendung einfachen Rechts und zum anderen hing es nach der damaligen in Hamburg bestehenden Praxis weitgehend vom Zufall ab, ob ein Bebauungsplan als Verordnung (mit der Möglichkeit des verwaltungsgerichtlichen Rechtsschutzes) oder als Gesetz (und dann ohne diese Möglichkeit) erging. In dieser Situation wurde ausnahmsweise der verwaltungsgerichtliche Rechtsschutz auch gegen die als Gesetz erlassenen Bebauungspläne bejaht, weil ansonsten eine vor Art. 3 Abs. 1 GG nicht zu rechtfertigende Ungleichbehandlung beim Zugang zum Rechtsschutz bestehe.[223] Im vorliegenden Fall ist die Situation jedoch grundsätzlich anders: Zum einen handelt es sich nicht nur um einen einfachrechtlichen, sondern einen verfassungsrechtlichen Anspruch (Art. 137 Abs. 5 Satz 2 WRV i.V.m. Art. 140 GG) und zum anderen besteht auch keine vergleichbare Alternativität zwischen verwaltungsgerichtlichem und verfassungsgerichtlichem Rechtsschutz. Im Übrigen würde das Problem der Verfahrensdauer weiter verschärft und die bereits bestehende Konventionsverletzung verstärkt, sollte das Bundesverfassungsgericht die Beschwerdeführer auf den Verwaltungsrechtsweg verweisen.[224]

VI. Zulässigkeit einer sofortigen Individualbeschwerde nach Art. 34 EMRK mit Blick auf die Verfahrensdauer

Angesichts des Ergebnisses der Begutachtung zur Verfahrensdauer[225] ist zu prüfen, ob die Religionsgemeinschaft Jehovas Zeugen in Deutschland schon jetzt, also vor Abschluss der laufenden Zweitverleihungsverfahren in Deutschland, Beschwerde zum Europäischen Gerichtshof für Menschenrechte wegen Verletzung ihrer Rechte aus Art. 14 i.V.m. Art. 9 Abs. 1 EMRK und Art. 6 Abs. 1 EMRK erheben kann. Dies würde gemäß Art. 35 Abs. 1 EMRK insbesondere voraussetzen, dass sie bereits den Rechtsweg vor den nationalen Gerichten erschöpft hat.

223 BVerfGE 70, 35 (55 ff.).
224 Siehe dazu nochmals oben B. II. c) und B. IV.
225 Ibid.

Das Gebot der Rechtswegerschöpfung verlangt, dass der Beschwerdeführer vor Erhebung der Beschwerde alle im konkreten Fall verfügbaren nationalen Rechtsbehelfe ergriffen und die Konventionsverletzung zumindest ihrer Substanz nach bereits in den nationalen Verfahren geltend gemacht haben muss.[226] Hierin kommt die Subsidiarität des internationalen Menschenrechtsschutzes gegenüber den nationalen Rechtsschutzmechanismen zum Ausdruck. Diese Obliegenheit bezieht sich aber nur auf wirksame Rechtsbehelfe. Wirksam ist ein Rechtsbehelf, wenn er nach der Theorie und in der Praxis zum fraglichen Zeitpunkt zugänglich ist.[227] Er muss auf eine angemessene und wirksame Weise eine Abhilfe der Beschwer ermöglichen.[228]

Im vorliegenden Fall besteht die Besonderheit, dass die Zeugen Jehovas Rechtsschutz nur erlangen können, wenn sie die noch anhängigen Zweitverleihungsverfahren weiter betreiben. Gerade diese Verfahren verletzen aber ihre Rechte auf ein zügiges Verfahren über die Verleihung des Körperschaftsstatus aus Art. 14 i.V.m. Art. 9 EMRK und aus Art. 6 EMRK.

Diese Konstellation ähnelt derjenigen im Fall *Sürmeli*.[229] In *Sürmeli* machte der Beschwerdeführer geltend, dass – erstens – sein Zivilverfahren unter Verstoß gegen Art. 6 Abs. 1 EMRK nicht in angemessener Zeit abgeschlossen worden sei und dass – zweitens – die Verfassungsbeschwerde keinen angemessenen Rechtsbehelf gegen die Verschleppung des Verfahrens darstelle und damit ein Verstoß gegen Art. 13 EMRK vorliege. Die Bundesregierung hielt die Beschwerde für unzulässig, weil der Beschwerdeführer zunächst den Ausgang des Verfassungsbeschwerdeverfahrens hätte abwarten müssen. Entgegen dieser Rechtsauffassung ließ der Gerichtshof die Frage nach der Erschöpfung des Rechtsweges in der Zulässigkeit aber offen.[230] Vielmehr stellte er zunächst fest, dass das Verfassungsbeschwerdeverfahren nicht als effektiver Rechtsbehelf i.S.d. Art. 13 EMRK gegen eine überlange Verfahrensdauer vor den Fachgerichten angesehen werden könne und schloss daraus des Weiteren, dass es sich deshalb auch nicht um einen

226 EGMR, Urteil vom 16.9.1998 (Akdivar u.a. gg. Türkei), Nr. 21893/93, Rn. 66 - 69; Urteil vom 19.2.1998 (Bahaddar gg. Niederlande), Nr. 25894/94, Rn. 44; Urteil vom 26.9.1996 (Manoussakis u.a. gg. Griechenland), Nr. 18748/91 Rn. 33; *F. Schorkopf*, Internationale Durchsetzung, in: R. Grote/T. Marauhn (Hrsg.), EMRK/GG-Konkordanzkommentar zum deutschen und europäischen Grundrechtsschutz, Tübingen 2006, Kap. 30 Rn. 49; *W. Peukert*, in: J. A. Frowein/ders., Europäische Menschenrechtskonvention – EMRK Kommentar, 3. Aufl. 2009, § 35, Rn. 11.

227 EGMR, Akdivar u.a. gg. Türkei (Fn.226), Rn. 66.

228 EGMR, Akdivar u.a. gg. Türkei (Fn.226), Rn. 67.

229 EGMR, Urteil vom 8.6.2006 (Sürmeli gg. Deutschland), Nr. 75529/01, Rn. 75 – 78 und 116.

230 EGMR, a.a.O., Rn. 78.

wirksamen Rechtsbehelf handeln könne, der zur Erschöpfung des Rechtsweges hätte eingelegt werden müssen.[231]

Die Zeugen Jehovas befinden sich in einer vergleichbaren Situation: Sie könnten nur auf die weitere Durchführung des Zweitverleihungsverfahrens verwiesen werden und damit auf das Rechtsmittel, das sie gerade hinsichtlich der Verfahrensdauer beanstanden. Unterstellt man, dass das Bundesverfassungsgericht sich der hier vertretenen Auffassung von der Entbehrlichkeit eines »Zweitverleihungsverfahrens« anschließt, so wären zwar diejenigen Konventionsverletzungen beseitigt, die daraus resultieren, dass die Zeugen Jehovas den Körperschaftsstatus bislang immer noch nur unvollständig in Anspruch nehmen können. Soweit aber die Länge des Verfahrens zu beanstanden ist, kann das Zweitverleihungsverfahren schon theoretisch keine Abhilfe bieten. Da aber die Länge des Verfahrens schon jetzt gegen Art. 14 i.V.m. 9 Abs. 1 EMRK und Art. 6 Abs. 1 EMRK[232] verstößt, kann jedenfalls insoweit keine Abhilfe mehr in angemessener Zeit erfolgen.

Die neu eingeführte Verzögerungsrüge und der Entschädigungsanspruch aus § 173 Satz 2 VwGO i. V. m. §§ 198 ff. GVG erfassen den vorliegenden Fall nicht, das sich die wesentlichen Verzögerungen aus dem Verwaltungsverfahren und nicht aus einem gerichtlichen Verfahren ergeben.

Hinsichtlich der aus der Verfahrensdauer resultierenden Konventionsverletzungen stehen den Zeugen Jehovas folglich keine wirksamen Rechtsbehelfe im nationalen Recht zur Verfügung. Eine Beschwerde könnte daher schon vor Abschluss der nationalen Verfahren in zulässiger Weise erhoben werden.

VII. Zwischenergebnis

Die seit den 1950er Jahren in der Bundesrepublik bestehende Praxis, zunächst ein »Erstverleihungsverfahren« in einem Bundesland und anschließend gegebenenfalls »Zweitverleihungsverfahren« in den übrigen Bundesländern durchzuführen, verstößt nicht als solche gegen Art. 9 Abs. 1 EMRK. Allerdings liegt in der erneuten Prüfung der Rechtstreue, der Politisierung und der zögerlichen Betreibung der vorliegenden »Zweitverleihungsverfahren« in Baden-Württemberg,

231 EGMR, a.a.O., Rn. 116: »Accordingly, the applicant did not have an effective remedy within the meaning of Article 13 of the Convention which could have expedited the proceedings in the Regional Court or provided adequate redress for delays that had already occurred. **There has therefore been a violation of this Article and the Government's objection of failure to exhaust domestic remedies must be dismissed.**« (*Hervorhebung der Verf.*).

232 Siehe C.III und C.IV.

Rheinland-Pfalz und Bremen jeweils ein Verstoß gegen Art. 14 EMRK i.V.m. Art. 9 Abs. 1 EMRK. Für die Ermittlung der Länge des Verwaltungsverfahrens sind die Verfahren der »Erst-« und der »Zweitverleihung« zu addieren. Ferner verstößt die Verfahrenslänge gegen Art. 6 Abs. 1 EMRK. Ein Verstoß gegen Art. 13 EMRK liegt dagegen nicht vor.

D. Zusammenfassung in Thesen

1. Der herrschenden Meinung von der Notwendigkeit eines »Zweitverleihungsverfahrens« liegt ein völkerrechtliches Verständnis von territorialen Zuständigkeitsräumen der Länder zugrunde, welches dem Bundesstaatsprinzip des Art. 20 Abs. 1 GG nicht gerecht wird. Es entspricht auch in keiner Weise der ansonsten für die Wirkung von Verwaltungsmaßnahmen eines Landes in einem anderen Land maßgeblichen Rechtsprechung und Praxis.

2. Die Analyse der in der Rechtsprechung maßgeblichen Grundsätze zeigt, dass Verwaltungsentscheidungen eines Landes in anderen Ländern jedenfalls immer dann uneingeschränkte Wirkung besitzen, wenn es sich um den Vollzug bundesrechtlicher Normen handelt. Selbst Entscheidungen, die auf Landesrecht beruhen, sind aus Gründen der Bundestreue oder des Grundrechtsschutzes Betroffener im Falle der Äquivalenz mit den eigenen landesrechtlichen Standards zu beachten.

3. Für die Verleihung des Körperschaftsstatus bedeutet dies, dass sämtliche Wirkungen, die unmittelbar aus Art. 137 Abs. 5 WRV i.V.m. Art. 140 GG resultieren, kraft ihrer Verankerung im Bundesverfassungsrecht bundesweit Geltung beanspruchen. Einer »Zweitverleihung« bedarf es insoweit nicht. Eine korporierte Religionsgemeinschaft genießt daher nicht nur bundesweite Rechtsfähigkeit als Körperschaft des öffentlichen Rechts, sondern ihr kommen auch in jedem Bundesland das Recht, Kirchensteuer zu erheben, sowie Dienstherrenfähigkeit, Organisationsgewalt, Rechtssetzungsautonomie, Parochialrecht und Widmungsbefugnis zu. Dass die auf Grundlage von Art. 137 Abs. 5 WRV bestehenden Körperschaftsrechte regelmäßig als hoheitlich eingestuft werden, ändert hieran nichts. Darüber hinaus stehen der Körperschaft sämtliche Privilegien des einfachen Bundesrechts zu. Für das Landesrecht ist nach allgemeinen Auslegungsgrundsätzen zu ermitteln, ob die in Rede stehenden Regelungen auch auf Religionsgemeinschaften des öffentlichen Rechts Anwendung finden sollen, denen dieser Status in einem anderen Bundesland verliehen wurde.

4. Die Ausgestaltung in konsekutiv zu betreibende »Erst-« und »Zweitverleihungsverfahren« ist wegen der damit notwendig verbundenen Verfahrensdauer unter dem Gesichtspunkt von Art. 14 i.V.m. Art. 9 Abs. 1 EMRK grundsätzlich problematisch. In den vorliegenden Verfahren in Rheinland-Pfalz, Baden-Württemberg und Bremen liegt wegen der erneuten Prüfung der Rechtstreue, der politisierten und damit unfairen und diskriminierenden Verfahrensgestaltung und wegen der seit dem Antrag auf Erstverleihung auf mehr als 21 Jahre angewach-

senen Gesamtdauer des Verfahrens ein Verstoß gegen Art. 14 i.V.m. Art. 9 Abs. 1 EMRK vor.

5. Aus den genannten Gründen liegt auch eine Verletzung von Art. 6 Abs. 1 EMRK vor. Der Beginn für die Berechnung der Verfahrensdauer ist auf die Erhebung der Klage zum VG Berlin gegen die Versagung der Erstverleihung im Jahr 1993 zu datieren. Hieraus ergibt sich eine Gesamtdauer von heute 18 Jahren.

6. Wegen dieser überlangen Verfahrensdauer wäre zu erwägen, unabhängig von den in Deutschland laufenden Rechtsschutzbemühungen schon jetzt eine Beschwerde beim Europäischen Gerichtshof für Menschenrechte zu betreiben. Es ist absehbar, dass jedenfalls die verwaltungsgerichtlichen Verfahren in Rheinland-Pfalz und Baden-Württemberg noch längere Zeit in Anspruch nehmen werden

Literaturverzeichnis

A. Bleckmann, Die Anerkennung der Hoheitsakte eines anderen Landes im Bundesstaat, NVwZ 1986, 1 ff.

E. D. Bohl, Der öffentlich-rechtliche Körperschaftsstatus der Religionsgemeinschaften, Baden-Baden 2001

A. von Campenhausen/H. de Wall, Staatskirchenrecht, 4. Aufl. München 2006

C. D. Classen, Religionsrecht, Tübingen 2006

R. Dolzer/W. Kahl/C. Waldhoff (Hrsg.), Bonner Kommentar zum Grundgesetz, Drittbearbeitung Bonn 2010

U. Doose, Die rechtliche Stellung der evangelischen Freikirchen in Deutschland, Marburg 1963

H. Dreier (Hrsg.), Grundgesetz, Band. II, 2. Aufl. Tübingen 2006; Band III, 2. Aufl. Tübingen 2008

E. Friesenhahn, Die Kirchen als Körperschaften des öffentlichen Rechts, in: ders./U. Scheuner (Hrsg.), Handbuch des Staatskirchenrechts der Bundesrepublik Deutschland, 1. Band, 1. Aufl. Berlin 1974, 545 ff.

J. A. Frowein/W. Peukert, Europäische Menschenrechtskonvention – EMRK Kommentar, 3. Aufl. Kehl 2009

C. Grabenwarter/K. Pabel, Der Grundsatz des fairen Verfahrens in: R. Grote/T. Marauhn, (Hrsg.) EMRK/GG-Konkordanzkommentar zum deutschen und europäischen Grundrechtsschutz, Tübingen 2006, 642 ff.

C. Grabenwarter, Europäische Menschenrechtskonvention, 4. Aufl. München 2009

M. Heckel, Die religionsrechtliche Parität, in: J. Listl/D. Pirson (Hrsg.), Handbuch des Staatskirchenrechts der Bundesrepublik Deutschland, Erster Band, 2. Aufl. 1994, 589 ff.

H. M. Heinig, Öffentlich-rechtliche Religionsgesellschaften, Berlin 2003

G. Held, Die kleinen öffentlich-rechtlichen Religionsgemeinschaften im Staatskirchenrecht der Bundesrepublik, München 1974

K. Ipsen (Hrsg.), Völkerrecht, 5. Aufl. München 2004

J. Isensee, Idee und Gestalt des Föderalismus im Grundgesetz, in: ders./P. Kirchhof (Hrsg.), Handbuch des Staatsrechts, Band VI, 3. Aufl. Heidelberg 2008, § 126

H. D. Jarass/B. Pieroth, Grundgesetz, 10. Aufl. München 2009

B. Jeand'Heur/S. Korioth, Grundzüge des Staatskirchenrechts, Stuttgart 2000

P. Kirchhof, Die Kirchen als Körperschaften des öffentlichen Rechts, in: J. Listl/D. Pirson (Hrsg.), Handbuch des Staatskirchenrechts der Bundesrepublik Deutschland, Erster Band, 2. Aufl. 1994, 651 ff.

D. König/A. Peters, Das Diskriminierungsverbot, in: R. Grote/T. Marauhn (Hrsg.), EMRK/GG-Konkordanzkommentar zum deutschen und europäischen Grundrechtsschutz, Tübingen 2006, 1114 ff.

D. König, Die Übertragung von Hoheitsrechten im Rahmen des europäischen Integrationsprozesses, Berlin 2000

S. Magen, Körperschaftsstatus und Religionsfreiheit, Tübingen 2004

H. v. Mangoldt/F. Klein/C. Starck (Hrsg.), Bonner Grundgesetz, Band 2, 6. Aufl. München 2010

T. Maunz/G. Dürig (Hrsg.), Grundgesetz, 61. Aufl. München 2011

T. Maunz/B. Schmidt-Bleibtreu/F. Klein/H. Bethge (Hrsg.), Bundesverfassungsgerichtsgesetz, 34. EL München 2011

H. Maurer, Allgemeines Verwaltungsrecht, 17. Aufl. München 2009

J. Meyer-Ladewig, Kommentar zur Europäischen Menschenrechtskonvention, Baden-Baden 2011

P. Mikat, Kirchen und Religionsgemeinschaften, in: K. A. Bettermann./H. C. Nipperdey/U. Scheuner (Hrsg.), Die Grundrechte, Band IV/1, Berlin 1960, 111 ff.

M. Möstl, Probleme der verfassungsprozessualen Geltendmachung gesetzgeberischer Schutzpflichten, DÖV 1998, 1029 ff.

S. Mückl, Europäisierung des Staatskirchenrechts, Baden-Baden 2005

S. Mückl, Grundlagen des Staatskirchenrechts, in: J. Isensee/P. Kirchhof (Hrsg.), Handbuch des Staatsrechts, Band VII, 3. Aufl. Heidelberg 2009, § 159

D. Richter, Das Recht auf wirksame Beschwerde, in: R. Grote/T. Marauhn (Hrsg.), EMRK/GG-Konkordanzkommentar zum deutschen und europäischen Grundrechtsschutz, Tübingen 2006, 1066 ff.

M. Sachs (Hrsg.), Grundgesetz, 5. Aufl. München 2009

K. Schlaich/S. Korioth, Das Bundesverfassungsgericht, 8. Aufl. München 2010

F. Schoch/E. Schmidt-Aßmann/R. Pietzner (Hrsg.), Verwaltungsgerichtsordnung, 20. Ergänzungsliefererung, München 2010

F. Schorkopf, Internationale Durchsetzung, in: R. Grote/T. Marauhn (Hrsg.), EMRK/GG-Konkordanzkommentar zum deutschen und europäischen Grundrechtsschutz, Tübingen 2006, 1559 ff.

R. Smend, Staat und Kirche nach dem Bonner Grundgesetz, ZevKR 1 (1951), 4 ff.

J. Störle, Anmerkung zu VG München, Urteil vom 30. Oktober 1982, ZevKR 29 (1984), 628 ff.

D. Umbach/T. Clemens/F. W. Dollinger (Hrsg.), Bundesverfassungsgerichtsgesetz, 2. Aufl. Heidelberg 2005

P. Unruh, Religionsverfassungsrecht, Baden-Baden 2009

H. Weber, Die Verleihung der Körperschaftsrechte an Religionsgemeinschaften, ZevKR 34 (1989), 337 ff.

H. Weber, Verfassungsunmittelbare Gewährleistung der Gerichtsgebührenfreiheit der Kirchen?, NVwZ 1996, 786 f.

H. Weber, Der öffentlich-rechtliche Körperschaftsstatus der Religionsgemeinschaften nach Art. 137 Abs. 5 WRV, in: H. M. Heinig/C. Walter (Hrsg.), Staatskirchenrecht oder Religionsverfassungsrecht?, Tübingen 2007, 229 ff.

H. Weber, Die Rechtsprechung des EGMR zur religiösen Vereinigungsfreiheit und der Körperschaftsstatus der Religionsgemeinschaften in Deutschland, NVwZ 2009, 503 ff.

D. Zacharias, Zur Zweitverleihung der Körperschaftsrechte an Religionsgemeinschaften, NVwZ 2007, 1257 ff.

FSC
www.fsc.org
MIX
Papier | Fördert gute Waldnutzung
FSC® C083411

Kolibri 360 GmbH
Ferdinand-Jühlke-Straße 7
99095 Erfurt, Deutschland
produktsicherheit@kolibri360.de